国家出版基金项目
NATIONAL PUBLICATION FOUNDATION

社会主义核心价值体系建设
"双百"出版工程
项 目

/ 100位

新中国成立以来感动中国人物/

吴 大 观

杨可民/著

吉林文史山版社

前　言

　　每个人的心中都多少有一点英雄情结，都向往英雄、景仰英雄。也正因此，在中华人民共和国建国六十周年之际，由中央十一部委联合组织开展的"100位为新中国成立作出突出贡献的英雄模范人物和100位新中国成立以来感动中国人物"的评选活动中，群众参与投票总数近一亿。这其中的每一张选票，都表达了人们对英雄模范的崇敬之情，寄托着对伟大祖国的美好祝福。

　　一个民族不能没有英雄，否则这个民族就不会强大。当国家危难之时，懦弱者选择了逃避、妥协甚至投降，英雄们却挺身而出，用热血捍卫民族的尊严，人民的幸福。在创立和建设新中国的伟大历程中，涌现出无数可歌可泣的英雄模范人物。他们之中，有为了民族独立和人民解放而英勇牺牲的革命先烈，有为了党和人民的事业而不懈奋斗的优秀共产党员，有在全民族抗战中顽强奋战、为国捐躯的爱国将士，有英勇杀敌的战斗英雄和革命群众，有积极从事进步活动的著名民主爱国人士和国际友人……他们是民族的脊梁、祖国的骄傲，是激励全体人民团结奋斗的精神力量。

　　《100位新中国成立以来感动中国人物》丛书，就像一部星光璀璨的英雄谱，真实、完整地记录了英雄模范人物不平凡的一生，再现了他们非凡的人格魅力和精神世界。舍身堵枪眼的黄继光，拼命也要拿下大油田的王进喜，中国原子弹之父邓稼先，新时期领导干部的楷模孔繁森……一串串闪光的名字，一个个动人的故事，犹如群星闪烁，光耀中华。

　　当今中国正处于伟大变革的时代，迫切需要涌现出一大批勇于承担历史使命、为祖国和人民奉献一切的先进人物。在"双百"人物崇高精神的引领下，在建设社会主义现代化国家的征程中，必将英雄辈出。

生平简介

　　吴大观（1916–2009），男，汉族，江苏省镇江市人，中共党员。生前曾任原航空工业部科技委员会常委。著名航空发动机专家。

　　吴大观 1942 年毕业于西南联大，后到美国莱康明发动机厂和普惠公司学习深造。1947 年 3 月，他拒绝了美国有关单位的高薪聘请，毅然回到祖国，建设中国的航空工业。1949 年 11 月，他任新中国重工业部航空筹备组组长，参与了新中国航空工业的筹建，是我国航空发动机事业的奠基人和创始人。他的奋斗历程，与新中国航空发动机事业的许多个"第一"紧密相连：组建了新中国第一个航空发动机设计机构，领导研制了我国第一个喷气发动机型号，创建了我国航空史上第一个发动机试验基地，主持建立了航空发动机研制第一套有效的规章制度，建立起了新中国第一支航空动力设计研制队伍，主持编制了我国第一部航空发动机研制通用规范，被誉为"中国航空发动机之父"。吴大观对党忠诚，从 1963 年开始，他每月多交 100 元党费，从 1994 年开始，他每年向组织继续多交党费 4000—5000 元。此外，还为"希望工程"等捐款 9 万多元。在生命最后的日子里，他在病床上叮嘱家人拿出 10 万元积蓄交纳最后一次党费。他被原航空航天部授予"有突出贡献的老专家"荣誉称号，被追授为全国优秀共产党员。2009 年 7 月，在经中央批准，中央宣传部、中央组织部等 11 个部门联合组织开展的评选"100 位为新中国成立作出突出贡献的英雄模范人物和 100 位新中国成立以来感动中国人物"活动中，吴大观被评为 100 位新中国成立以来感动中国人物。

1916-2009
[WUDAGUAN]

◀ 吴大观

目录 MULU

忠魂一世　蔚为大观(代序)

　　一个人，一辈子，生命的全部因为一个梦想而展开，博大而壮美，因为一种信念而燃烧，闪闪发光，照亮了仰望的天空，他该有多满足、多幸福?

　　吴大观，中国航空发动机之父，以他火一样的"中国心"为我们照亮了这世界上最辽阔的天空……

　　少年时，他就把法国大作家雨果《悲惨世界》里"人生是施予不是索取"这句话作为人生准则，并用一辈子践行。

　　目睹日本飞机横行霸道，狂轰滥炸，他的心被深深地刺痛了，"我不想学机械专业了，我想转系，学航空!"

　　大学毕业很多同学纷纷改行，他和夫人却一头钻进贵州大山里搞起航空发动机；他冒死飞越"驼峰航线"，只为出国深造，报效祖国；学成之后他放弃国外优越的物质生活条件，回到内忧外患、贫穷落后、民不聊生的祖国，践行自己的救国理想。

　　我国第一型大推力涡轮风扇发动机涡扇6试制成功，生逢十年浩劫，历经四次上马、三次下马、五次转移研制地址。面对巨大的挫折和打击，他泪流满面却仍在悲壮中寂寞而坚韧地前行，"祖国母亲有难处，做儿子的要理解母亲!"

　　"文革"期间，他挨批斗、被鞭子抽，左眼完全失明，但是这并没有动摇他对党的一片赤诚之心："这是少数人犯的错误，不是我们党的错。"

　　1949年，吴大观加入中国共产党，1963年起连续46年每月多交党费，累计21万元，给"希望工程"等各项捐款9万元。

弥留之际，他对相依相守了66年的老伴说了三句话："一切从简，不要给组织添麻烦；不要向组织提任何要求；把积蓄的10万元拿出来，帮我交纳最后一次党费。"

1985年12月，他与另外8名专家给中央写信，力陈独立自主解决飞机"心脏病"的重要，建议以国外先进技术为基础自行研制大推力发动机，从而催生了中国"太行"发动机的诞生。今天，由"太行"发动机装备的战鹰已经冲上蓝天。

弥留之际，他仍不忘一生的托付："第一，对我们国家的航空事业，我做得很不够，我感到深深有愧。第二，航空发动机太难了，一定要吸取历史教训，按科学规律办事。第三，一定要加强预先研究，要把基础工作打牢。第四，一定要讲真话，千万不要忽悠！一定要把真实情况告诉领导。第五，一定要落实科学发展观，把我国的航空发动机搞上去！"

住院后，当他知道自己身患绝症时，拒绝一切治疗，多次拔掉输液的针头，不愿浪费国家的医药费，展现了一名真正唯物主义者的崇高精神品质。

而他的一生却与新中国航空发动机事业的许多个"第一"紧密相连：组建了新中国第一个航空发动机设计机构，领导研制了我国第一个喷气发动机型号，创建了我国航空史上第一个发动机试验基地，主持建立了航空发动机研制第一套有效的规章制度，建立起了新中国第一支航空动力设计研制队伍，主持编制了我国第一部航空发动机研制通用规范，被誉为"中国航空发动机之父"。

一生忧国思进，"爱国就要救国、爱国就要报国、爱国就要强国"。93岁，是生命的时间长度，但对吴大观来说，生命因与梦想一起飞扬而拥有了高度，他也因此收获了一个世纪中国人的骄傲，赋予了"中国心"永远跳动的强音！

少年寻梦

→ 出生头桥

★★★★★

　　滚滚长江奔腾不息，滔滔淮河日夜流淌。

　　在长江下游北岸的沙洲上，有个四面环水的古镇，叫头桥镇（今扬州市邗江区头桥镇）。头桥镇的前身是明代江洲古镇"吴家桥"，这座由古头桥吴氏望族聚族而居的"江洲第一大镇"，于清乾隆四十八年坍入江水，致使集镇两度搬迁，并根据清代古桥"江洲头桥"更名为"头桥镇"。

　　头桥镇自古人文荟萃，因水而兴，因商而富，物华天宝，人杰地灵，文化底蕴深厚；头桥镇自古有尚武之风，出过一名晚清武状元，有"挹江控淮繁盛地，白鹤飞来三千载"的美誉。1916 年 11 月 13 日，吴大观就降生在这个神奇的古镇上。

吴大观的母亲出生在扬州头桥镇老街古桥路上的一户地主家庭，外公是头桥历史上晚清时代的著名乡贤王风泰，原从事骡脚行（运输业）生意，后于清道光年间改行开办酱园。相比之下，父亲的家境要贫寒得多，家里穷得经常揭不开锅。父亲常年在山东枣庄做煤炭生意，由于经营不得法，又没有资金周转，生意非常惨淡，一年回不了一次家。母亲一人带着四个孩子，忙里忙外，常常要靠借债度日，生活得很艰难。

由于经常吃不饱饭，营养不良，致使年幼的吴大观面黄肌瘦，身体单薄，体弱多病，显得比同龄人要弱小许多。

困难的家境，缺乏父爱的童年，加上父母聚少离多、长期不和，让吴大观早早地就品尝到了人生的苦涩，也让他比别的同龄孩子看上去要沉稳许多。

穷人的孩子早当家。苦难的生活让正处于无忧无虑年龄的吴大观少了许多欢乐，却历练出坚强乐观的性格和勤劳善良的品行。

吴大观是家里四个孩子中的老大，从很小就开始帮母亲做家务。每天放学回来，母亲做饭，他要帮母亲抬水、择菜、烧火，还经常要照顾好弟妹。

无论春夏秋冬，家里吃水都是吴大观和母亲到很远的池塘去抬水。有一年冬天非常冷，吴大观和母亲一起去池塘抬水，等到水抬到家，吴大观发现母亲被水溅湿的衣裤都结成了冰。原来，母亲怕累着年幼的吴大观，把水桶尽量往自己一边移，结果洒了自己一身水。已经稍稍懂事的吴大观知道后很心疼母亲，从此以后，他总想着在家里要替母亲多分担一些，少让母亲为自己操心。

屋漏偏遇连阴雨。1931 年夏天，长江发大水，家乡遭了水灾，房屋几乎全被冲走了。在舅舅的帮助下，母亲决定把家从头桥镇搬到镇江城里。刚满 15 岁的吴大观虽然还不能完全理解母亲深深的无奈，但却第一次深切地感受到了颠沛流离之苦。

不知是苦难磨炼了吴大观的承受能力，还是他比别的孩子本来就早懂事，他的学习总是很自觉，比别的孩子更用功。

➡ 舅舅启蒙

★★★★★

　　在吴大观的一生中，舅舅对他的影响很大。

　　吴大观的舅舅王鉴人，家族世代经商，做酱园生意，是头桥镇的商界名流，以乐善好施著称，声名远播，响名南洋，家庭经济状况自然要好得多。

　　舅舅家有三处酱园，两处在镇江市区，一处在乡下。舅舅发家靠的是自己的勤劳诚信，从来不搞歪门邪道，不坑害人，在头桥镇口碑非常好，加上品牌效应的缘故，头桥乡民一提到这家古老酱园字号，就会本能地想起吴大观的舅舅本人。

　　舅舅家祖传酱园分为两大部分，门市店铺设于头桥镇上人流密集的闹市街区，而生产作坊则设于舅舅家的祖屋"头桥王宅"内。店铺是舅舅酱园的主要营销平台与服务窗口，来单订货、批发零售均由此门市完成。

舅舅家有四个儿子、两个女儿。他的三个儿子都上了大学。大表哥上的是北平（北京）汇文经济大学，二表哥上的是南京东南大学，五表哥上的是上海光华大学。五表哥多才多艺，会篆刻、画画。

舅舅家的家风很好，全家人都不近烟酒，更不用说沾染旧社会商人常有的吃、喝、嫖、赌那样一些坏习气了。舅舅一家也不像乡下许多人那样信佛，也从不拜菩萨、不讲迷信。

舅舅很热衷于公益事业。民国初年的头桥镇，无一所学校，急需发展新式学堂，普及科学知识。时任江都县头桥乡（今扬州邗江头桥镇）乡董、乡议长的舅舅出于"教育兴镇，开以民智，培养人才，造福桑梓"的目的，以个人声望发出倡议，使得头桥小学很快创建。吴大观上的就是这所舅舅出资兴办的小学，后来归了地方，成为公立学校。

吴大观家距舅舅家不远，他经常去舅舅家玩。开始每次到舅舅家，他都要把舅舅家宅院门上的对联默默地念几遍，时间长了，他就牢牢地记在心里了，上联是"传家有道唯忠厚"，下联是"处世无奇但率真"。虽然他还不能完全理解对联的意思，但年少的他隐隐约约地感觉到，舅舅就是一丝不苟地按照这副对联的说法来治家的。

舅舅家里的人都不愿意做官,当时有很多人都看不懂。舅舅的儿子、吴大观的二表哥从南京东南大学毕业,在就业时,有两个选择:一个是在县里当县长,一个是到立法院做职员。他回到家里和父母讨论,吴大观的舅妈斩钉截铁地说了一句话:"为官不仁,无官不贪,我家老二不干。"此话一出,事情就决定了,吴大观的表哥去立法院做了一个职员。吴大观当时在场,舅妈这句话给他留下了极深的印象。

每次放寒、暑假回家,母亲都让吴大观住在舅舅家,和表哥们在一起。从舅舅一家人身上,吴大观学到了很多东西。

舅舅对吴大观一家非常照顾,经常接济。吴大观的父亲要隔很久才给家里寄一次钱,常常会青黄不接,这些时候,舅舅的帮助就更是雪中送炭。

母亲的自尊要强,舅舅的诚实宽厚,舅妈的爱憎分明,表哥们的好学上进,都在影响着慢慢懂事的吴大观。特别是在贫寒、艰苦的环境里,吴大观不仅从舅舅身上感受到了诚实、正直、乐观等许多优秀品格,也磨炼了不怕困难、敢于奋斗的精神意志。

→ 辗转求学

★★★★★

　　30 年代初，江苏扬州中学已经是一所很有名气的学校了。

　　扬州中学的前身是"仪董学堂"，创办于 1902 年，是扬州第一所官立中学，经费出自盐务，总办由两淮盐运使担任，"仪董学堂"意在纪念西汉哲学家江都相董仲舒。学校素以办学立意高峻、校风优良、名师荟萃、人才辈出著称于世。校友中有原国家主席江泽民，原中共中央政治局委员、著名理论家胡乔木，著名作家、学者朱自清，有"两弹一星"元勋黄纬禄等 40 多位院士，更有大批专家、学者、各级干部及各行各业高素质的劳动者。江上青等十几位革命先烈也都是扬州中学毕业的。江泽民同志为母校 90 年校庆题词："怀念前贤，激励后昆，继往开来，团结奋进。"

吴大观能够上扬州中学，全靠舅舅在经济上的帮助。当时扬州中学的学费是十块现大洋，另加三块钱饭费。但父亲寄回的钱不多，母亲东借西凑还是不够交学费。母亲实在没有别的办法，只能向舅舅求助。但母亲很要强，尽管是自己的亲哥哥，还是开不了口。于是，吴大观去向舅舅借钱。舅舅很关心他，二话没说就给吴大观凑足了上学的费用，还给了他一些零花钱。

△ 在扬州中学读书时的吴大观

在扬州中学，吴大观的生活很拮据。富人家的孩子花钱大手大脚，吃饭时还经常要家里送来肉、菜。吴大观只能吃学校的饭菜，但觉得已经比家里的好多了。吴大观吃得很是俭省，经常就用酱油泡稀饭，这样，每个学期下来，学校还可以退回一块多省下的费用。吴大观觉得，母亲让自己去找舅舅借钱，是要他知道钱来之不易。所以，他每一次总是把省下的钱全交给母亲，好让母亲感到宽慰。

扬州中学教学质量很高，师资力量很强。其中有名师张煦候、汪桂荣、鲍勤士、徐公美、汪二丘、黄泰、王伯源、朱伯吾、吴遐伯、方剑岑等。

教吴大观历史的是张煦候老师，汪桂荣老师教数学，鲍勤士老师教语文，黄泰老师教几何、三角，教自然课的是吴遐伯老师，朱伯吾是生物老师，也是生活老师。这些老师的学问、道德和人品都是很出众的。特别是朱伯吾老师，了解到吴大观家里的情况后，对他非常关心，除了在学业上尽心辅导外，还经常在生活上帮助他，帮他渡过各种难关。

1937年，吴大观从扬州中学毕业，报考清华大学。当时的考试办法是从北京把考试卷子运到上海，在上海组织考试。原定的考试时间是当年8月10日，几个同学8月6、7号到了上海。吴大观的大表哥在上海的金城银行做襄理（相当于副经理），吴大观就住在大表哥家里。就在等待考试的那几天，时局已经紧张起来。

临到考期，有告示贴出，说是由于京沪铁路不通，卷子没有运到，考试撤销了。"七七事变"后，日本帝国主义发动了大规模的侵华战争，妄图在三个月之内灭亡中国。8月13日，中国军队抗击侵华日军进攻上海的战斗打响了。表哥见形势危急，便给了吴大观一些路费，要吴大观和几个同学赶快回家。几个同学在混乱中，从车窗爬进火车，走嘉沪线到了嘉定，然后又坐到苏州的火车，逃难回了老家。

吴大观人回到了老家，但心里还总是想着该怎么上学。

后来报纸上登出消息，说清华、北大、南开等三所大学在长沙组织了一个大学——国立长沙临时大学，可以去报名。吴大观和几个同学商量了一下，决定一起写一封信给国立长沙临时大学。扬州中学很出名，考清华、交大等名牌大学被录取的学生比较多。学校一看是扬州中学的毕业生，答复是不用考试，可以保送，只要学校写一个证明就行。吴大观和另外两个同学对未来的困难没想太多，只想着上学，便立即动身，带着扬州中学的证明直奔长沙，直接上了国立长沙临时大学。

吴大观刚在国立长沙临时大学落脚，1938年初，由于蒋介石实行"先安内，后攘外"的反共政策，对外不抵抗日寇侵略，对内大肆进攻"苏区"红军，短短三四个月内，东北沦陷，华北沦陷，南京、上海相继沦陷，丢失了大片国土，中华民族已经到了最危险的时候。

武汉告急，长沙也待不成了。吴大观拿着表哥给的 20 元现大洋和许多流亡学生只好跟随着学校，从长沙先到广州，从广州再到香港，又坐船到越南的海防市上岸，再从越南坐火车到了昆明。

老百姓本来就惶惶不安，听说要打仗，大家都想着赶紧逃离战火。有钱的人搭乘火车、轮船，没钱的人只能苦两条腿一路走。火车或轮船一路上还要提防日机的疯狂轰炸。每次凄厉的警报声拉响，列车立刻停下，难民们从车厢里跳出来，躲进田野或庄稼地里，伏在地上闭着双眼，捂住耳朵，祷告自己能躲过劫难。警报解除，再回到车厢里。

一路上，到处都是难民，小偷猖獗，吴大观戴着的礼帽被小偷当街抢去，他稍不留意，放在身边的一个包也被偷走了。最让人气愤的是，遇到国民党的伤兵，也可能是带着武器的逃兵。有一次，长长的难民车辆被堵住，好久不能前进。一位国外刚留学回来的有钱少爷决定往前去看看，到了被堵的第一辆车旁，见到两个国民党的伤兵正拦住路要钱。这位少爷上前对伤兵说："我来给你们钱，放大家走吧。"说完，这位少爷打开随身带的皮箱，拿出两根金条给两个伤兵，大家这才脱身。

1938年4月，吴大观和许多流亡学生历尽艰难总算到了昆明，学校也正式改称国立西南联合大学，到当年5月4日正式开始上课时，学校师生总计剩下了300多人。

→ 顿悟人生

★★★★★

　　国立西南联合大学是中国抗日战争期间设于昆明的一所综合性大学。"卢沟桥事变"后，日本帝国主义全面发动侵华战争。为保存中华民族教育精华免遭毁灭，华北及沿海许多大城市的高等学校纷纷内迁。先后迁入云南的高校有 10 余所，其中最著名的就是国立西南联合大学。

　　西南联大组建后，先后在该校任教的教授有朱自清、闻一多等 300 余人，他们都是各个学科、专业的泰斗、顶级专家。他们在极其艰苦的条件下，坚持严谨的治学态度，树立优良学风，成就了西南联大的辉煌。

　　在昆明国立西南联合大学，因为大家都是流亡学生，读书条件很差。宿舍大多是草顶土墙，每四个人两张双人床。除了床外，桌子、椅子一概自己想办法凑合。虽然宿舍墙上的白粉大都脱落，天花板上全是灰尘、蜘蛛网，但同学们大都还在寝室里贴上两张罗斯福的肖像或是自己欣赏的明星来装点一下。风季一刮，雨季一淋，屋漏墙倒的事情总是在所难免。一碰上倾盆大雨，半夜里床上就可能成为泽国，油布、脸盆都成为防御工具，打伞睡觉的事，已经见怪不怪。教室就在会馆里面，老师在讲台上讲课，后面就是会馆供的菩萨像。

吴大观住的宿舍是盐行的房子，用那种外包装用的木箱子，六个箱子拼一个床，两个箱子就是一个桌子。

学校贷款给生活困难的学生，每个月给十六或十八元钱，交十二元伙食费，留下几块钱零用。吴大观和同学们有时甚至很羡慕外面拉洋车的车夫，白天辛苦一天，到了晚上，可以把洋车一停，进到小餐馆里面，端着小酒杯喝点儿酒，要个炒猪肝和炒干巴（菌）吃。但穷学生们即使要解馋，也只能要个炒白菜，如果要个鸡蛋就是很奢侈的美味了。

但昆明有个好处，四季如春，穿衣服不用花多少钱。在长沙的时候，学校给每人发了一件黑色的棉大衣，很实用，白天可以穿着御寒，晚上可以当被子盖。但在昆明却用不着，冬天穿一件毛衣就可以了。为了省钱，吴大观和很多同学一样，一年四季基本是光着脚，不穿袜子。

艰苦的学习条件，困难的流亡生活，并没有难住吴大观，反倒让他更加感觉到，一个人必须有点儿精神，必须让自己活得更有价值。

吴大观在长沙临时大学上学时，毛泽东在第一师范学习时的老师、湖南教育界的老前辈徐特立受中共中央委派来长沙建立八路军驻湘通讯处，担任中国共产党驻湘代表。徐特立等人多次应邀在长沙临时大学、长沙银宫电影院、第一师范等处公开演讲，宣讲国内外形势和中国共产党的抗日主张。

有一次，徐特立到吴大观所在的长沙临时大学作报告，地点在长沙临时大学借用的长沙师范学校礼堂，吴大观去听了。徐特立身着八路军的土布军装，非常朴素，这让吴大观印象非常好。徐特立用一口湖南话在报告里讲到国内外的形势，宣传中国共产党的抗日主张，号召大家积极参加抗战。吴大观听了报告很受鼓舞，就想参加抗战。

正在这时候，由于家乡沦陷，吴大观的二表哥带着表姐租船顺长江而上，逃难到了湘潭。吴大观去他们住处探望的时候，对表哥讲了自己参加抗战的想法。表哥没有正面否定他的想法，只是语重心长地跟他谈了很久，劝他还是先去上学，并给了他 20 元现大洋。表哥对他说，学到知识，将来可以更好地为国家做点事情。

吴大观的一位同学也听了徐特立的报告，和吴大观有同样的想法，也想参加抗战。吴大观把表哥跟自己谈的话都讲给他，告诉他读书也是为了将来报效国家。这位同学家里是地主，其实要比吴大观的家庭富裕多了，但由于战乱，失去了联系，已经没有钱读书了。吴大观对他说："我有一口饭，就有你一口饭；我有一口汤，就有你一口汤。我表哥给了我一点儿钱，我们两个人用。"就这样，这个同学和吴大观一起，跟着学校，从长沙到了广州。

在广州，一个很偶然的机会，吴大观上街去转，看到一家电影院正在上演一部电影——《悲惨世界》。吴大观就用表哥给的钱买了一张电影票，进去看了。电影非常感人，吴大观就连着看了两遍。

这个电影是根据法国著名作家雨果的同名小说改编的。影片讲述的是一个名叫冉阿让的人，他原是个诚实的工人，一直帮助穷困的姐姐抚养七个可怜的孩子，有年冬天找不到工作，为了不让孩子饿死而偷了一块面包，被判五年徒刑；又因不堪忍受狱中之苦四次逃跑，刑期加到十九年；出狱之后，苦役犯的罪名永远地附在他的身上，他找不到工作，连住宿的地方都没有。他来到一个主教的家门前乞讨，主教留他吃了饭，并安排他住在家里。结果他在夜间偷了主教的银餐具。当他逃出后，又被警察抓获，押回主教的家里。主教见到警察说，这个人带着的餐具不是偷的，是送给他的。就在这个时候，主教说了一句话："人生是施予不是索取（Life is give not to take）。"后来他改名换姓埋头工作，终于当上了市长，成了大富翁后，他乐善好施，兴办福利，救助孤寡；然而法律去滥判无辜，他为了不嫁祸于人毅然上法庭承认自己的真实姓名。然而法律不容他，社会不容他，连他辛辛苦苦带大的孤女也误解他，他多年舍己救人，最后却在孤寂中走向死亡。

冉阿让的境遇和他的命运，尤其这位主教的话语，对吴大观的触动非常大。他又买了一本雨果的小说，是中英文对照版的。吴大观看了好几遍，印象最深的还是那句话——"人生是施与不是索取。"他觉得这句话非常重要，一个人到社会上来，不是要这个、要那个，而是要有所贡献。

他在心里暗暗地想，"人生是施予不是索取"这句话太好了，应该作为自己的座右铭，用一辈子去践行。

⟶ 转学航空

★★★★★

　　本来想云南是后方，可以免受战乱。但抗战爆发后，云南成为中国抗战正面战场的重要战略后方，沦陷区的机关、工厂、学校、民众，大量撤到昆明。昆明作为云南省会城市，一夜之间成了为数百万抗日军队输送国际援华战略物资的重要基地，直接关系着中国抗日战争的成败和二战的命运，自然也就成为日军飞机轰炸的重要目标。

　　1938 年 9 月 28 日这天，吴大观和几个同学正在学校外的草地上玩，上午 9 时许，昆明市内响起了刺耳的警报声。毫无躲避空袭经验的市民，一片慌乱，四处奔逃，许多人聚集在苗圃中。很快，9 架敌机到了昆明上空，一阵狂轰滥炸。顷刻间，大街小巷火光四起，爆炸声、哭喊声连成一片，血肉模糊的尸体横七竖八地倒在地上。瓦砾间，烧焦了的树枝上粘附、吊挂着死难者的断肢残骸、内脏器官，真是惨绝人寰。受伤者的呼号惨叫声不绝于耳，闻者无不伤心落泪。

后来，敌机更加胆大嚣张了，有的还低空飞行着来空袭。警报一响，市民就准备逃命，饭煮好要吃的也不敢吃了，丢下饭碗拖儿带女地奔跑。很多市民出门时还好好的一个家，躲轰炸后回来，家完全被炸弹毁去，痛苦万分。难民无家可归，

△ 吴大观夫妇在昆明

市区顺城街、南祥街，凡是有火炉的地方，到夜晚时就有很多人蹲在炉边过夜。在天寒、地冻、饥饿、疾病的交迫下，街边、巷道不时有尸体出现！形势一天天地趋向恐惧境地，整日人心惶惶。

目睹日寇肆无忌惮的暴行，特别是日本飞机横行霸道，为所欲为，中国抗战军民真是一点办法也没有。吴大观一位航校的同学告诉他，国民党是有空军的，但是数量和质量都不是很好，国民党空军机型很老旧，其中大批是一战时的飞机，二战只能当侦察机用；另外，因为中国工业基础薄弱，飞机的维修无法自给，结果很多战机是无法升空作战的，而少数抗战前从国外买的二线飞机到淞沪抗战时大多给拼光了。吴大观的心再一次被深深地刺痛了，他找到教机械专业的教授："我不想学机械专业了，我想转系，学航空！"

吴大观有一个同学是飞行员，他常常到这位同学所在的那个机场航校去看飞机，这个航校就是国民党的中国空军杭州笕桥航校，因为战乱迁到昆明的。吴大观还找来西南联大学校里能够找到的有关航空的杂志看。他越看越入迷，越发觉得还是应该学航空。

其实，吴大观对航空的兴趣早就有了。

还在中学的时候，吴大观就听到过这样的故事：1927年，美国的一位飞行员——查尔斯·A·林白驾驶一架飞机，从美国纽约到法国巴黎，独自驾机飞越了大西洋，成为名扬四海的一位英雄。1929年，中国发大水，灾情很严重，林白驾驶着他的飞机，还曾到中国来救灾。还有美国的一位海军中校，名字叫伯德，他1928年在南极海岸线附近的冰面上建立了"小美洲"营地，并乘飞机飞越南极，轰动世界。为此，依据美国法令，伯德被授予海军少将军衔。从那时起，吴大观就有了"飞机"的概念，并且有了"英雄"的概念。

　　他还经常给同学们讲"中国的航空之父"、飞机设计师和飞行家冯如的故事。

　　后来他知道孙中山先生提出了"航空救国"口号。在他上中学的时候，中国也有很多很出名的飞行员，在国内搞一些飞行表演。所以，他在中学的时候，就对航空有一定认识。

　　吴大观还有一个爱好，就是喜欢研究昆虫的翅膀，总是爱琢磨：这个翅膀怎么会有双层的、有单层的? 昆明的天气好，蝴蝶、苍蝇、蚊子、蜜蜂……各式各样的昆虫很多。为躲避日本鬼子轰炸，大家都是在山坡上、旷野间，根本没有防空洞。他在躲避空袭时，总要提着一个兜，带着书本、计算尺，在田野里看书，因为警报过后还要上课、考试。有一次，在田野里，他看到一种鸟，飞着飞着，翅膀扑动着就停在空中不动了。那个鸟的个头比喜鹊还要大许多，他很好奇，感到很奇怪。后来，他就自己收集一些昆虫的翅膀，觉得很有意思，觉得其中一定有很多道理。他有一个很漂亮的日记本，没有记日记，就夹着这些翅膀，还编上了号。

他向学校提出要在航空系三年级多念一年再毕业。他拿着成绩单，去找当时学校航空系的系主任王德荣先生。王主任接过成绩单看了看，没有表态。

第二次，他带着自己夹着一些昆虫翅膀的日记本，去给王主任看，他说："王先生，请你看看这个，这是我收集的。"王主任接过去一看，连声说："好、好，行、行、行，你就来吧。"他就这样上了航空系。

西南联大与其他大学有很多不同，其中最主要的一个区别是民主气氛很浓厚。最初，从国外回来的教授，都要通过越南来到昆明。西南联合大学里的教授，一半以上都是从英国、美国留学回来的，但他们并没有西装革履，却都是一领长衫，像朱自清先生那样。他们薪水很少，很清苦的。让吴大观敬佩的是，他们为了国家，为了抗日，毅然决然地放弃国外优越的环境，受聘在国内这样一所教学和研究条件都很差的学校教书，甘愿过清贫的生活。

有一位叫金希武的老师，他教发动机设计、制造，他给吴大观介绍了国外发动机方面的很多新知识，包括欧洲大战中打下来的德国飞机的

▽ 与西南联大航空系同学合影留念(最后排右四为吴大观)

发动机是怎么回事。他总是说，这些东西，现在是很新的、先进的，但以后会有更新的东西出来。他反复告诫吴大观，一定要注意阅读一些科学技术方面有影响的杂志、刊物，随时了解和掌握国外科学技术的发展情况。这些话他都默默地记在心里。

这样，吴大观在西南联大机械系已经读完三年，又从航空系三年级读起，多读了一年大学。

吴大观越来越觉得，"航空救国"就是自己的人生梦想！

立志报国

→ 选择航空

★★★★★

1941年底，吴大观从西南联合大学航空系毕业，就要面临找工作了。毕业时，班上二十四五个同学，后来真正搞航空的不到一半，多数同学改行了。

由于日本飞机肆无忌惮，狂轰滥炸，抗日形势十分严峻，亟需飞机参加抗日，中国兴办航空工业已迫在眉睫。

国民党政府航空委员会决定成立大定羊场坝航空发动机制造厂，生产塞克隆G105型1050马力航空发动机和旋风式G150型1050马力航空发动机。在吴大观前一届毕业的同学中，有在贵州大定发动机工厂工作的，他们还写信邀吴大观去。

摆在吴大观面前的有两个选择：一个是

可以做买卖。他的有些同学就去做买卖了，有一点钱，搞一个汽车，跑滇缅路，贩一批货，就可以发国难财、赚大钱；另一个，就是到贵州大定搞航空发动机。

吴大观这时已经有了爱人，毕业的时候他们就结婚了。爱人原名华允娥，是吴大观在扬州中学的同学。他把到贵州大定搞航空发动机的想法和爱人一说，爱人非常支持。

很快，吴大观就带着新婚的爱人到了工厂的所在地——大定县羊场坝。

航空发动机制造厂建在羊场坝"乌鸦洞"，洞长约900米，高约30米，洞内是一个长达50米、宽80米的空旷场地，可作为主要车间场所。发动机制造厂的附属设施诸如火电站、铸造厂、螺旋桨厂，建在离"乌鸦洞"约两公里的清虚洞内；该洞高约60米，洞顶有天窗，洞内有小河，是附属设施的理想场地。

这个地方，真是穷啊，而且是土匪窝！今天是这个村子里的土匪去抢那个村子，明天是那个村子抢这个村子。吴大观和爱人就住在老乡的茅草房里。有一天，因为拉肚子，他夜里起来到外面的一个小山坡后面，蹲在那里解手，一大群土匪就从吴大观的身边跑了过去，过一会儿，就看到对面的山头上火光冲天，土匪在烧房子。

当地的老乡很穷，冬天穿不上裤子，就用麻袋片围着身子，穿着草鞋。最受不了的是洞里面有一种像跳蚤一样的昆虫，咬起人来很厉害，奇痒无比。

贵州大定航空发动机制造厂隶属于国民党军事委员会航空委员会，属军队编制，有一个警卫连的部队站岗，但也给大家发枪，夜里还要排班站岗。因为发生过被土匪抢的事件，还打死过土匪，所以一天到晚很紧张。

工厂给吴大观安排的具体工作是负责接收从美国来的资料——工艺规程、技术图纸。他非常满意这个工作，因为在学校里只接受了一些书本知识，在这里可以接触到大量在实践中有用的东西。虽然设计资料不很详细，但工艺资料是全套的，可以学到的东西很多。

由于抗战期间物资紧张，条件很艰苦，发电用的是老柴油机，用苏联报废的发动机来发电。每天晚上只给两个小时电，晚上7点到9点，其他时间就要点油灯了。吴大观白天接收资料、校对图样，晚上，就把有关的资料、图样带回家来看、抄、学习，第二天再放回去。就这样前后用了两年时间，他潜心研究了美国莱特公司的活塞式发动机整套技术资料，可以说是较全面地掌握了这个在当时世界上比较先进的航空发动机工艺技术。

工作一年后，爱人生孩子了。吴大观的薪水是每个月90块法币。没有孩子的时候，两个人的日子过得还可以，有了女儿以后，要照顾爱人坐月子、带孩子，就要借债度日了。

虽然艰苦，但吴大观还是感到挺满足。因为在学校时条件比较差，试验、实习等都比较简单。一到工厂，有从美国运来的各种机床，有大量实践机会，这是他求之不得的。

而且，别小看这样一个小工厂，国外回来的留学生就有八位，其中副厂长戴安国从德国回来，他是蒋介石的干儿子；还有钱学渠，是钱学森的堂兄，搞机械加工的。这些人都是美国、欧洲留学回来的，不少是 MIT 的硕士、博士。这些人抱着发展中国航空工业、航空救国的信念，不怕艰苦，不讲条件，默默奉献，令吴大观非常感动，也更加坚定了他"航空救国"的选择！

→ 赴美学习

★ ★ ★ ★ ★

　　1944 年，工厂要选派人到美国去接受培训，学习航空发动机制造。这是利用当时美国一个《租借法案》的有关条款，为中国培训人才，包括空军飞行员和航空工业方面的技术人员。

　　吴大观自认为自己的学习成绩平平，能够做一点儿实际工作就很不错了，根本没有想过能派他出国学习。但名单一公布，没想到自己榜上有名。选了十几个人，其中就有他。

　　1944 年夏天，吴大观开始作一些准备，于当年 10 月份和其他几位同学出发到美国学习。

　　吴大观和几位同学先到重庆，再从重庆

到成都的美军机场。在成都住了几天，再飞到昆明，第二天飞过喜马拉雅山，坐的是装两台活塞发动机的 C47 飞机，走的就是那条有名的"驼峰航线"。

吴大观早就知道这条"驼峰航线"。这个航线非常危险，飞机在飞行的过程中常常会遇到强烈的气流变化，假如真遇到意外，飞机是不可能找到用来迫降的平地的，即使飞行员跳伞，落下去也是山地丛林，荒无人烟，生还的可能性几乎没有。有不少美国的飞行员都死在了绵延千里

▽ 1945年与在美国威廉斯堡莱康明航空发动机厂实习人员合影（前排右六为吴大观）

的大峡谷中。

吴大观一心想着出国深造，报效祖国，也不知道害怕，不知不觉飞机已飞了近三个小时。

就这样，飞机把他送到了巴基斯坦一个叫多米多玛的地方，也是美军的一个基地。在那里住了一个晚上，又坐小火车到印度的加尔各答，再到孟买，还是住在美军机场，住了差不多两个晚上。接着就坐美军的运输舰过了赤道，到了澳大利亚的墨尔本，再到新西兰，然后就到了美国。

吴大观去的第一个工厂是莱康明航空发动机厂，在宾夕法尼亚州的威廉斯堡市。这是一个生产小型航空发动机的工厂。吴大观学习的是小型教练机、运输机用的发动机，六个汽缸，不到300个马力，而且汽缸还是并排式的。中国买的就是这个厂的专利。

派到美国去的人，有的是学习汽缸的，有的是学习活塞、曲轴、连杆、各种附件的。吴大观还是在设计科，因为吴大观在原来工厂里就是搞设计的。

这个厂虽然小，但麻雀虽小，五脏俱全。从零部件制图到整台发动机设计性能计算，从部件试验到整机试车，吴大观在这里经过了系统的培训，学习了大半年，基本掌握了活塞式发动机设计的全过程。

学习了六个月后，领队提出，还有一个专业没有人学，要吴大观去学。吴大观怕自己难以胜任。但领队说："不行，这是需要，要服从组织。"于是，他白天实习，晚上听课，又学习、掌握了全部齿轮加工技术。

通过美国朋友介绍，1946 年吴大观还加入了美国自动车工程师学会（SAE），成为该学会会员。该学会成立于 1905 年，是国际上最大的汽车工程学术组织，研究对象是轿车、载重车及工程车、飞机、发动机、材料及制造等。在那里，吴大观有一个很深的感受，就是美国对于技术的消化、吸收能力很强；美国在欧洲战场打下一架德国的飞机，获取了德国的一项技术以后，马上就派人去把它搞回来分析，然后就搞出了更新的东西。

后来他又去了两家工厂，学习齿轮加工的刀具技术、剃齿、研磨齿等。再后来，到普惠公司，他还继续学习齿轮的技术，用各种各样的方法，包括送一点小礼物给美国人，从普惠也找到了一些齿轮加工方面的规范资料。

在美国学习的最后一站是美国普惠航空发动机公司，学习的内容是一种轻型发动机。普惠公司成立于 1860 年，该公司由两名合伙人的名字命名，总部位于康涅狄格州的哈特福特郡，公司的产品广泛用于军用和民用。作为世界三大飞机发动机制造商之一，该公司是通用电气和劳斯莱斯公司的主要竞争对手和投资伙伴。

在普惠公司，他第一次看到了除活塞式发动机外，还有喷气发动机，这引起了他极大的兴趣。

除了在工厂里学习，吴大观还注意翻杂志、看书，这样搞了半年多，自己对喷气发动机有了一点了解。

最后，他用了一年多的时间学完了全部课程，以优异的成绩毕业了。

→ 宣传抗日

★★★★★

在美国，吴大观居住的条件还是很不错的，是一个基督教青年会的住所，有室内游泳池、篮球房。他自己住一个小房间，很便宜，一个月几美元。他在工厂里有时候故意推迟下班，有时候干脆自己安排加班——上两个班，16 个小时，想方设法抓紧时间多学习、多掌握一些技术和知识。除了学习齿轮加工技术，他还学到了凸轮轴加工等技术。

每天下班回到住处，他打一场篮球，游泳半小时，身体锻炼得很棒；然后吃晚饭，接着看书、看资料，然后睡觉，早上 5 点钟再爬起来上班，生活很充实。

在美国生活、学习期间，吴大观广泛接触各阶层人员，在技术领导、工程师、车间工人中广交朋友，并借此宣传中国。他的一个突出的感觉是，美国人民特别是普通老百姓很友好，觉得中国人受日本人欺辱，所以很同情中国人。

威廉斯堡市位于美国弗吉尼亚州东部的威廉斯堡，依湖傍水，坐落在一望无际的大西洋沿岸平原上，附近的土地质地肥沃，气候温暖宜人，是美国的一座著名历史名城和旅游胜地。从 18 世纪初起，威廉斯堡开始建了许多英国式、法国式和西班牙式的房屋。从 1926 年开始，美国政府拨款，对历史上留下来的 90 多栋古老的房屋进行了修复，其中包括民房、商店、火药库、理发店、饭店、旅馆、教堂和政府大楼，都在原来的地点上修饰一新，供人们参观。20 世纪 40 年代，威廉斯堡市是一个万人左右的小城，风土人情很淳朴、热情，而且以生活富有和教堂多而闻名遐迩。吴大观和二十几个同学被分配给当地居民照料。他和一位叫吴宗岱的同学分在一户居民家，这对美国家庭的夫妇，丈夫姓亨利，是一个荧光灯管生产厂里的会计，妻子是教师，家里有两个女儿，大的十三四岁，小的十一二岁，都在读初中。全家人非常友善，隔一个星期就要邀请吴大观一起去郊外游玩、参观等。

亨利夫妇都是很虔诚的基督教信徒，每到礼拜天，都要邀吴大观和他们一家去教堂。没想到去了几次教堂以后，教堂的妇女会就邀请吴大观，要他去给大家作报告。这个妇女会是教会里的组织，成员大都是一些年岁比较大的妇女，她们常常要搞一些活动。开始，吴大观推辞说："我怎么能够作报告呢？"后来她们告诉吴大观，她们要吴大观讲的就是日本侵略者怎样残害中国妇女、儿童的，中国人怎么样抗日。吴大观也觉得，应该向美国人民介绍日本侵华战争的真实情况，宣讲日本侵略者侵占我国领土、残杀同胞的种种罪行，介绍中国军民英勇抗战的事迹，唤起更多的美国民众支持中国抗战。于是他搜集了报纸上的一些内容，加上自己在国内了解的情况，前后讲了两次。

可能是由于这两次报告的效果不错，后来另外一个教堂也请吴大观去给他们讲。再后来，他们很郑重地安排宴请吴大观，请他吃火鸡，表示尊重和感谢。

⟶ 毅然回国

★★★★☆

在普惠公司又学习了半年多时间，1947年，吴大观结束了在美国的学习。

当时派去学习的有 25 人，仅大定厂就有 20 人，但这些人后来很多都放弃回国。

有人以中国还不具备搞航空发动机的条件为由劝吴大观留在美国工作，吴大观毫不犹豫地拒绝了，他告诉劝他的朋友："的确，中国目前还根本不具备搞航空工业的条件，不过，我敢同你打赌，不会要多久，我们一定能搞出自己的航空发动机！"

回国坐的是轮船。吴大观先从威廉斯堡坐火车到华盛顿，倒了一趟车，到了新奥尔良。然后再乘船从大西洋经古巴过来，穿过巴拿马运河，进入了太平洋。

在海上一走就是 56 天。在船上，吴大观不会打牌，别人打牌消磨时间，吴大观就照相、看书。吴大观身体好，不晕船，大风大浪也不在乎。你大风大浪，我照样看海鸥、看海里的金枪鱼，在这 50 多天时间里，吴大观读完了一本美国新出版的《齿轮设计》。

在美国学习了两年，吴大观没有什么积蓄。他当时唯一的愿望是，把在美国学到的航空技术贡献给祖国。要回国了，他把仅有的钱用来买了一些实用的东西——书籍、资料、杂志，想到回来要用。

船到了上海港，吴大观还没有下船，就有人乘小船到轮船上来，说政府有规定，必须把美金换成法币。于是，吴大观很顺从地按照"政府"的要求把仅有的 50 美元换成了法币。等下了船，到了码头，家里来人接，吴大观才知道上了当，被人骗了。

在上海，他刚刚 4 岁的女儿感染了白喉，家里人不知道是什么病，给她吃了点六神丸一类的药，这样就有点耽误了，后来送到上海火车站附近的一家医院，医生说需要打针——白喉血清。医院讲，要家里人自己去买药，买来才能打，孩子躺在那里，呼呼地喘着气……吴大观仅有的美金被骗了，没有钱，就和爱人四处奔走。可是到第二天，借到钱，买了药，赶到医院的时候，孩子已经没有了。

那个晚上，他望着从美国带回的一箱子发动机资料和给女儿买的小花衣裳，与爱人抱头痛哭。

吴大观和爱人忍受着失去女儿的悲痛，到了广州，在贵州大定航空发动机厂广州分厂做筹建工作。在广州待了不到三个月，国民党已经分崩离析，根本没有能力再继续建厂，大家只有自己找出路。吴大观因为从国外回来，总还有个牌子，可以在上海的一些外国公司找到工作，工资还要高出其他公司很多，所以跟他一起回国的一些人就在那些公司里就业了。

女儿没了，他的心碎了，但他"航空救国"的梦还在。

虽然生计都成问题，但吴大观还是不想放弃自己搞航空的理想。当时他的一位叫董寿莘的同学，给他来了一封信，告诉他原来西南联大的老师——宁榥教授回到了清华，如果他同意，老师可以推荐他去教书。

吴大观想，自己搞航空的理想虽然受挫，但自己可以继续学习，可以把学到的知识教给学生，以后总会有机会。于是，他决定先到北平教书。

→ 留在北平

★ ★ ★ ★ ★

1947 年 10 月，在同学董寿莘的召唤下，吴大观来到了北平，就暂时住在同学家里。吴大观后来才知道，董寿莘这时已经参加了中国共产党，他的夫人入党时间比他还要早；他是在夫人影响下参加革命的。

第二天，吴大观到清华大学找到在昆明西南联大教他柴油机的宁榥先生。宁榥先生已经是北京大学工学院机械系的主任，他把吴大观介绍到北京大学工学院院长马大猷那里。这个工学院是北京大学接管过来的，是原来的北平大学工学院。

到了北京大学工学院，吴大观担任了讲师，讲授航空发动机设计、发动机齿轮设计、机械原理和工程画（机械制图）四门课。

他是 10 月份到北平的。只身一人在北平，爱人留在了南京，托付给她的家人照顾。后来，吴大观住在北京大学工学院集体宿舍里，一有空闲时间，他就去其他同事的房间聊天，谈论抗日、时局等。这些同事中有宋硕、李学智、赵树林、樊恭然等，吴大观后来才知道，原来这些人都是中共地下党员，吴大观也跟着他们参加罢课、罢教、反内战、反饥饿活动，经常走上街头散发传单，张贴标语，发动群众；还在学校里演出活报剧，请费孝通等名教授来学校作报告，非常活跃。就这样，吴大观被学校里的中共地下党注意到了，选吴大观担任了教联会的主席。

有一次，北京大学在沙滩开会，通知吴大观去参加。他到会场一看，会议是校长胡适主持的，胡适先讲话，意思是，看时局的发展，肯定北平（北京）要落在共产党的手中，动员大家坐飞机跑，随他一起南下。

听了胡适的讲话，参加会议的很多教师都反对。大家认为，北京大学作为国内一所有名的大学，应该继承北大"民主与科学"的光荣传统，应该继续留在北平。等到大家发言的时候，吴大观代表教师上台发言，声明广大教师的爱国要求，要留下来，绝不离开北平（北京）。大概是抓不到吴大观什么把柄，怕不好收场，胡适听了吴大观慷慨激昂的发言虽然很恼火，但还是忍住了，居然没有找特务把吴大观给抓起来。

此时的吴大观，对社会现实、国家前途思考得越来越深刻，相应地，也越发感到一种报国无门、力不从心的苦闷。

投身航空

'喷气式飞机反其发动机设计试制成功报捷庆祺大会

➡ 初识聂帅

★ ★ ★ ★ ★

　　1948 年暑假的一天，吴大观正在家里看书，在学校担任助教的一位叫袁永厚的同志，急匆匆地来告诉他，据可靠消息，北平公安局的黑名单上有吴大观的名字。吴大观早就知道这位助教是中共地下党员，感到情况不妙。他刚要张口说话，这位助教直接就问他："吴先生，想不想去解放区啊？"他早就听人介绍过解放区的情况，一听说去解放区他非常高兴，"解放区！啊，太好了！我早就想去了！"他又惊又喜，立即答应。

　　经过紧张而秘密的准备，吴大观找了个借口，说自己的妈妈有病，要回上海探望，向学校请了假，就离开了学校，没有引起任何人怀疑。

随后，通过地下党安排，他和爱人、孩子，还有个弟弟，一家四口人，由北平坐火车到天津。一路上，吴大观装扮成从沈阳逃难回来，做照相馆生意的。因为别的他怕装不像，只会照相，这样还实在一点。为了安全，吴大观把名字改了，他的名字原来叫吴蔚升，这时改成为吴大观；爱人的名字原来是华允娥——一听就是女同志的名字——改为华国，有点男同志的感觉了。

虽然做了精心伪装，但一路上还是非常惊险。有一次，在过一个国军路口时，可能是战事吃紧，查得很严。吴大观走在最前头，故意做出憨厚卑微地冲守卡的国军士兵点了点头。守卡的国军士兵突然挡住他："你叫啥名？是干啥的？上哪疙瘩去？"

吴大观按照预先想好的话不慌不忙地说："我叫吴大观，在顺天府做照相馆小本生意，逃难回老家。"

士兵接过证件，上下打量一番，说："你在俺老家做生意呢？那你说几句俺们家乡话瞧瞧？"

多亏吴大观了解东北口音，模仿了一段东北话，非常像，才通过了关卡。

还好，经过了重重关卡，有惊无险，终于到了石家庄。

1948年，石家庄是华北人民政府所在地。到达石家庄以后，吴大观见到很多学生、教师，清华的、北大的都有。

接待吴大观的是聂荣臻，大家叫聂司令。聂荣臻司令员像个老朋友一样同他握手，邀请他们全家吃羊肉火锅。

吃饭前，聂司令问他："吴先生原来是做什么的啊？有什么要求？"

吴大观告诉聂司令："我原来是干航空发动机的，在贵州，后来到美国去学习……"他告诉聂司令，"我看国民党没有希望，不可能搞飞机、发动机。我没别的要求，我唯一的希望就是投奔共产党、投靠解放区，希望将来造飞机、造发动机。"

听了他的想法，聂司令非常高兴，大声地对吴大观说："吴先生，很好啊！没问题，你将来大有作为。"聂司令的话让吴大观很受鼓舞。

吴大观像个孩子似的笑了："我现在到了我向往的世界，祖国航空工业、祖国繁荣昌盛全靠共产党领导。我要为她献身！"

吴大观感到，这顿火锅吃得非常香，吃得比自己过去吃过的任何一顿饭都开心。

→ 从头做起

★★★★★

在石家庄待了一个月，1948 年 12 月，已经准备和平解放北平了。吴大观随解放北平的队伍，参加入城接管工作。

吴大观所在的单位是华北人民政府企业部，开始住在石景山，附近有钢铁厂、发电厂，还有煤矿。吴大观负责接管的是国民党的矿冶研究所，这个研究所里全是知识分子，里面还有一位和他在美国一起学习的同事，看到吴大观，非常亲切。

刚刚解放的北平百废待兴，工作千头万绪，刚干了大半年，1949 年 10 月份，组织上又调吴大观去中央重工业部。中央重工业部部长是何长工，吴大观在计划司。没过两个月，1949 年 11 月，重工业部成立航空工业局筹备组，吴大观担任筹备组的组长。

吴大观带了几个人，到南京接收航空技术人员，接管国民党很多搞航空的机构，那些人吴大观也不认识，包括国民党航空局的副局长等。这些人中间有的要就地安排，有的要到北平工作，都需要安排好。还有一些人要到北平报到，包括他在贵州大定航空发动机制造厂工作时期的厂长王士倬。

吴大观知道，王士倬是清华大学的名教授，钱学森在清华读书的时候，王士倬是他的老师。1935年，王士倬教授主持设计、建成了我国第一座航空风洞。

他向重工业部的领导建议做一做王士倬的工作，让王士倬为新中国航空工业贡献才智。部领导接受了这个建议。

吴大观主动找王士倬做工作。虽然做王士倬的工作很不顺利，但他始终不放弃，直到1951年初，筹备组工作结束，航空工业局正式成立并搬到了沈阳。

在航空工业局，吴大观最敬佩的人是徐昌裕副局长。徐昌裕是从延安过来的老干部，政治觉悟很高。吴大观和几位新参加革命的同志，开始时对组织程序等都不太了解，不懂得应该怎样工作。徐昌裕副局长就很耐心地教育大家："我们每天到班上，坐在办公桌旁，首先应该想到的是，我们是为人民服务的，为国家工作的，责任重大。"这些话让吴大观受益匪浅。

1950年10月，抗美援朝战争开始了。朝鲜战场上的飞机下来就要修理，任务非常繁重，局机关的人都下到工厂组织生产。

吴大观到 111 厂，指导航空发动机维修和零备件制造工作。他在生产准备科担任科长，和徐舜寿、顾诵芬等人一起工作。

飞机修理采用苏联在第二次世界大战时的办法，需要修理的飞机、发动机都装在火车上，一列火车拉过来，什么设备都有，拉到一个地方，停下来就进行修理。

到战事最紧张的时候，修理任务日夜抢赶，厂里三班倒，试车台 24 小时不停地试车，轰鸣声很大，附近居民反映连鸭子都生不了蛋了。就是在这样的环境下，吴大观几乎要天天跟到现场处理各种技术问题，根本顾不上其他的事。这期间，苏联提供了不少新的喷气发动机生产工艺资料，吴大观如获至宝，抓紧一切时间学习、消化，积累了大量发动机研制技术和知识。

→ 愈挫愈勇

★ ★ ★ ★ ★

1952 年，航空工业局机关迁回北京，先是在福绥境，后来在德胜门里的果子市，是一栋小楼。吴大观在局里担任第二生产处副处长。

吴大观在一次会上听首长谈到，周总理很关心新中国的航空工业，曾经说过，我们国家有 960 万平方公里的土地，五六亿人口，这么大的一个大国家，我们的空军要保卫祖国领空，靠买人家的飞机是不行的，要自己制造，要由小到大，由修理到制造。我们的道路要这样开始。

吴大观心里最强烈的愿望虽然是自己设计发动机，不能满足仿制，但现实的条件不允许，所以，最初的任务是修理飞机和制造零备件，后来就开始了仿制。在苏联的援助下，1956年6月，我国第一台涡喷发动机涡喷5在沈阳航空发动机厂仿制成功；同年7月，安装该发动机的第一架喷气战斗机歼5也在沈阳飞机厂仿制成功，飞上蓝天。

仿制的成功令吴大观欣喜若狂，他觉得距离自己自行设计发动机的梦想越来越近了。

谁知，这时候国际上出现了一种言论，认为

▷ 1955年7月与苏联专家索可诺夫合影（左一为吴大观）

在有了导弹以后，航空技术、飞机应该进博物馆了，今后要靠导弹打天下。这个风刮得很厉害，苏联的赫鲁晓夫就是这个论调。这股风也刮到了中国，影响了国家的决策思路。

吴大观非常着急，跑到北京找首长谈自己的想法。但首长的话说得很死，也说得很明确，就是飞机可以从国外买，导弹买不来，导弹的威慑力大，外国人怕。毛主席考虑的是打仗、打大仗，所以就要考虑哪个威力大，哪个更厉害。

吴大观心不死，1958年初，借到英国访问的机会，回国途中他专程到苏联了解情况。他专门向苏联航空工业部的部长们问这个问题，是不是将来飞机要进博物馆，没有用了？他们讲，原来确实有这个说法，是美国的某些专家讲的。在苏联，赫鲁晓夫就这么讲。但经过他们的认真分析论证，认为这个说法不能成立。他们认为，在战争中，导弹打过去是有杀伤力的，但要真正征服对方，还是需要飞机。所以，苏联还在搞米格21，美国也没有停止搞航空。

这么一来，吴大观心里就有底了，他下决心继续搞下去。他与徐舜寿等同志商议，北京没有厂，怎么办？就想到把飞机放在112厂，发动机放在沈阳410厂，这两个厂刚仿制成功飞机和发动机，制造问题可以解决。

按照这个想法，吴大观给航空工业局打报告，请求自行设计、自己制造飞机和发动机，并建立空气动力研究和航空发动机研究机构。

航空工业局很快采纳了他的建议。

→ 研制新机

★★★★★

　　1956 年 10 月，组织上把吴大观从航空工业局调到沈阳航空发动机厂筹建第二设计室（发动机设计室），准备自行设计发动机。

　　对这一光荣任务，吴大观心中既高兴又担心。

　　是啊，年轻的中国航空工业每向前走一步，都要付出很大的代价，要走自行设计喷气发动机的路子是十分艰难的。

　　如何确定第一台发动机选型方案？

　　万事开头难。要开始设计第一台喷气发动机，该怎样起步？吴大观多次与第一设计室（飞机设计室）主任徐舜寿同志商量。徐舜寿和吴大观是一同从航空工业局调来沈阳的，是一位作风严谨、扎实、细致的飞机设计师。他们反复分析当时的国内经济、工业基础和技术水平，决定只能是"先易后难，由小到大，先从教练机开始"。最后选定设计喷气教练机，定名歼教－I。发动机定名喷发1，推力为1200公斤。由于这是首次设计喷气发动机，既缺乏实践经验和技术储备，又没有现成的试验设备，一切都得重新设计，技术风险很大。

1957年3月，设计工作全面铺开。

设计发动机要有设计人员，吴大观在航空工业局的大力支持下，首先从沈阳航空发动机厂设计科和航空工业局选调了一些技术人员，但是还不够，又从哈尔滨航空发动机厂调来一些人，国家还分配了一批新毕业生。到1957年上半年，总共调来设计人员100多名。

在这些设计人员中，有一半以上是学活塞式发动机、发动机制造和装配修理专业的，对喷气发动机设计理论和设计方法都很生疏。吴大观于1956年10月向北京航空学院求援，请该院四系开设航空发动机设计速成班，对设计人员进行培训，主要学习喷气发动机原理和叶片机原理两门主要课程，解决了燃眉之急。

新机试制力量在哪里？

航空工业局筹建飞机和发动机设计室是1956年在北京进行的，但北京没有相应的工厂，唯有依靠刚试制成功歼5飞机和涡喷5发动机的沈阳飞机厂和航空发动机厂。这样，研制喷发 1 发动机可以充分利用涡喷 5 发动机的生产技术以及部分锻、铸件毛料和工艺装备，以缩短研制周期。更重要的是，这里有一支生产工人队伍，是试制新机的雄厚基础。

等到了试制阶段，却并非一帆风顺。

在喷发 1 发动机研制中，最伤脑筋的问题是没有试验设备。喷发 1 发动机虽然是以涡喷 5 为原准机进行缩型，可以省去一些部件试验，但有些重要部件仍需经过试验才能进行研制，否则设计成功的可能性就不大。譬如，单管式燃烧室 9 个火焰筒，按相似定律缩小后，仍沿用原型机上的喷嘴，在缩型后的火焰筒内能否点着火和正常工作，这是燃烧室设计成功的要害问题。此外涡轮叶片缩型后，能否达到涡轮设计的功率，这也是一个要害问题。想做离心压气机的试验和涡轮模型试验，但是得不到相应的试验设备。就是必不可少的火焰筒单管试验器和叶栅吹风试验器也无处可寻。这些试验设备只有靠自己设计制造，没有其他路可走。

在喷发 1 设计工作开始的同时，测试传感器的研制、试验设备的设计和制造也紧张地展开了。为了便于测试技术人员学习电子学知识，吴

大观把自己从美国带回国的 6 真空管长短波收音
机拿出来，供他们装拆练习。吴大观还拿出从苏
联买回来的幻灯机，供他们对"压力排"照相底
片进行判读，从而提高压力测量的精度。在不到
一年的时间里，测试小组和试制车间的工人师傅
就试制出了温度传感器和定向定位用多点测压靶
子，用于单管燃烧室和叶栅风洞试验，初步解决
了喷发 1 发动机的火焰筒和涡轮叶栅两项最关键
的试验。

　　1958 年 6 月，通过 20 小时长期试车的新发

▽ 1958年8月1日在歼教1飞机试飞成功大会上发言

△ 1958年在沈阳410厂与设计室人员合影（左二为吴大观）

动机提前送到沈阳飞机厂，装上了歼教－Ⅰ型飞机。7月26日，飞机在沈阳飞机厂机场首飞成功。叶剑英元帅、空军司令员刘亚楼上将等亲临沈阳出席了庆祝大会。1958年10月，装备喷发1发动机的两架歼教－Ⅰ飞机，从沈阳飞到北京南苑机场，接受中央领导同志的检阅。紧接着，又设计、试制出红旗2号喷气发动机。

1956—1961年期间，在航空工业基础相当薄弱的条件下，要走自行设计喷气发动机的路子是十分困难的。但吴大观怀着为我国自行设计航空发动机的强烈愿望和献身精神，在既缺乏实

△ 参加与苏联谈判筹建航空气动研究院和航空发动机研究院。1962年6月在莫斯科红场留影（左二为吴大观）

践经验和技术储备，又没有现成的试验设备，且技术风险很大的情况下，组织年轻的技术队伍，从选定设计方案开始，克服了建厂初期的种种困难，闯过了一个又一个技术难关。

首次研制成功的飞机和发动机填补了我国航空领域的多项空白，向全世界证明，中国人是能够造出飞机和发动机的。

吴大观兴奋得失眠了好几个晚上。

涡扇6发动机是我国自行研制的大推力、双转子、内外涵混合加力式涡轮风扇发动机。它是为当时研制的歼 9 高空高速歼击机设计的动力装置。1964 年，按照飞机设计要求，吴大观主持提出了 30 个设计方案，经与沈阳飞机设计所数十次的协调、筛选，并多次派人到空军部队征求意见和调研，掌握第一手材料，最后确定了涡扇 6 的基本型方案，开始研制。但不久，就发生了"文化大革命"，混乱的局面给涡扇 6 的研制带来了极大的困难，历经 18 年艰辛，经过"四次上马，四次下马，五次转移试制地点"的悲壮历程。

一型发动机带走的是一代人的青春，一代人的心血，一代人的奋斗。那一天，当宣读涡扇

▽ 1963年与沈阳六院二所领导合影（前排中为吴大观）

6 发动机停止试制的决定时，吴大观潸然泪下，台上台下哭成一片。悲壮深深地烙在吴大观的心里，他却对大家说："祖国母亲有难处，做儿子的要理解母亲！"

→ # 狠抓试验

★★★★☆

20世纪50年代末60年代初，以美国为首的西方国家对我国实行政治上孤立、围剿，经济上制裁、封锁；过去的"老大哥"苏联，也背信弃义，撕毁合同，撤回专家，对我国实施封锁和打压；跑到台湾的蒋介石又趁机叫嚣"反攻大陆"；国内连续三年遭受自然灾害……天灾人祸，国民经济处于极其困难时期。

为了打破国外的封锁，以毛主席为首的党中央作出了重大战略决策：勒紧裤腰带，加强国防建设，搞自己的武器装备。其中一个重要决定，就是成立航空研究院（也称国防部第六研究院）。

1961 年 8 月 6 日，沈阳航空发动机设计研究所诞生了。

时年 45 岁、年富力强的吴大观，和从军队调来的身经百战的所长刘苏、政委张显（党委书记）等领导同志，肩负起创建沈阳航空发动机设计研究所的重任。吴大观作为航空发动机专家、副所长，挑起了研究所科研生产技术工作的大梁。当时，所长和政委有句口头禅："我们所出发动机就靠老吴、老虞（虞光裕总设计师）了！"吴大观很清楚这句话的分量。

吴大观和所领导一班人，运筹着、规划着，精心描绘建所的蓝图。从所区的布局、试验基地的建设、研究室的设置、干部的使用、人员招揽和安排，到职工的衣食住行，样样都在考虑和操作之中……

由于正是国家困难时期，粮食都是定量发放，少得可怜，副食供应严重不足。许多科技人员营养不良，发生浮肿。吴大观看在眼里记在心头。他和其他领导一起积极想办法，从黑龙江的部队搞了些黄豆，以补充大家的营养。因为这件事，很多同志称技术干部为"黄豆干部"。

然而，吴大观考虑最多的是科研室的设置和科研试验手段的建设。

他从 1958 年开始主持研制喷发 1 发动机，在发动机的研制实践中，他深深体会到，研制先进发动机必须有先进的试验手段，发动机是设计出来的，更是试出来的。所以，他提出建研究所的首要任务是要建设航空发动机试验基地。

根据航空研究院当时提出的"自力更生，埋头苦干，边研究边建设，逐步发展壮大"的方针，考虑到国家经济困难，经与有关部门协商并经上级机关批准，1963年接收了位于沈阳市郊的中国科学院一家研究所的（占地面积340亩）下马工程作为试验基地。在建设试验基地的过程中，吴大观在所长刘苏的领导下，同总设计师虞光裕密切配合，在国家投入有限的情况下，精心规划，精打细算。一面抓试验设备的设计工作，一面抓基础工程建设，边设计边施工。他抽调精干力量组建试验设备设计室，派技术骨干先后到北京、上海、包头、哈尔滨等地的有关单位进行调研。结合当时的国情和发动机研制实际，组织设计和建造了第一批试验设备：在动力方面，有气源站、变电站；在发动机部件试验方面，有叶栅风洞试验器、压气机试验器、单管燃烧室试验器、八分之一扇型加力燃烧室试验器、点火试验器、轴承试验器、燃油附件试验器、低疲劳循环试验器、盘轴试验器、静强度试验器、光弹试验器等；在整机试验方面，有两个室内试车台和两个露天简易试车台等，建成我国第一个初具规模的航空发动机试验基地。

有一个英国的企业——纳皮尔发动机公司，由于要破产，一些试验设备想要卖，价格很低，是以废铁的价格出售。吴大观得到消息，当机立断，决定把这些设备买下来。后来这些设备全安装在了 0307 基地。

在发动机试验工作中，还有另一个重要环节，即测试仪表和测试技术。他主张，高精度的温度、压力、振动、应力测量传感器都要立足于国内，自力更生，自己解决。这样，即使受国际封锁，也不会因此影响发动机的正常研制。

高空台是模拟飞机空中飞行状态进行发动机试验的地面试验设备，世界上所有的发动机都必须经过大量的高空模拟试验才能定型生产，才能保障飞行员和乘客的安全，它是一个国家自行研制发动机必不可少的重要大型设备。但其关键技术当时西方和俄罗斯都对我国进行全面封锁。1965 年，为进一步开展我国航空发动机的自主研制工作，吴大观同几位专家一起，向主管国防科技工作的国务院副总理聂荣臻元帅提出建议，希望建设我国自己的高空台，得到了聂帅的大力支持。

在这一段时间，吴大观的工作非常忙，常常一天工作 12 个小时以上，以所为家，一干起来都没有节假日。

就在这一段时间，他的眼睛出现了问题。后来，组织上安排他到济南去治病，由于"文化大革命"开始，他的眼睛也没有治好。

→ 实事求是

★ ★ ★ ★ ★

从 20 世纪 60 年代起，中央领导同志就提出了关于厂（工厂）、所（研究所）结合的问题。

吴大观也一直在思考这个问题。1961 年、1965 年，他两次参观巴黎航展，在看到国外先进技术和产品的同时，特别注意了解国外的科研与生产模式。

吴大观开始也认为，"厂所结合"模式好。什么叫"厂所结合"呢？就是科研与生产相结合，研究所的科研工作要在工厂的统一领导下进行。苏联的产品设计是由产品设计局完成的。而我们国家给工厂的是生产任务，完成生产任务，厂长就可以睡大觉，他完全可以不再去考虑搞什么产品研发、技术进步，因为国家没有给他这个任务。而在计划经济下，工厂也不可能有研制任务。这个问题已严重影响到航空发动机的研制。

1965 年，吴大观第二次参观巴黎航展，又反复了解国外的一些做法，发现国外工厂的科研生产模式确实有很多可取之处。

回来以后到了 8 月份，这时，贺龙副总理到沈阳视察两个厂——沈阳 410 厂、112 厂的生产情况。吴大观接到电话，说贺龙副总理要听他汇报研究工作情况。吴大观知道，贺龙副总理兼任国防委员会副主席，非常关心航空工业的发展。

吴大观来不及准备，上午接到通知，中午就去见。

本来他有些紧张，但他刚见到贺龙副总理，贺龙副总理就先请大家一起吃西瓜。在边吃边谈的过程中，601 所的所长刘鸿志说："贺老总，您要不要听听新消息啊？我们吴大观同志刚从巴黎回来，参观了航空展览会，有一些新情况，要不要听听啊？"

贺老总一边吃着西瓜，一边说："好啊！"

吴大观没有一点思想准备，而且稿子也没有

带来。既然贺老总要听，只能凭记忆把自己了解到的国外航空技术、产品的情况作了一个汇报。看了些什么飞机、什么发动机，怎么试飞，新的飞机、新的发动机，大概地讲了一遍。贺老总听得很高兴。

在汇报完这些以后，吴大观又说了一些情况，他说："国外的工厂都有科研机构，都搞自己的产品，在市场上搞竞争，确实有可取之处。"

没想到贺老总听完后，马上拿出一张纸说："你们大家同意不同意吴大观同志的意见啊？"大家谁也不敢说不同意。"同意！""你们签名。"于是每个人都签了名，一共七个人。贺老总就拿着这个签名向中央汇报了，结果"厂所结合"的呼声越来越高。

后来，经过很多实际工作，吴大观越来越感到搞"厂所结合"可能不符合实际。他通过对比发现，国内国营工厂是在国家计划安排下进行产品生产的，完成生产任务是工厂的责任。它与西方资本主义国家的企业性质不同，西方是市场经济条件，公司在市场竞争的体制下，必须研发产品、加工生产和为用户提供售后服务，不管大小企业都是"哑铃型"的。与计划经济下工厂的概念不同，一个是 Enterprise，一个是 Factory，这两者的范畴和任务是不同的。

他很后悔，由于自己不了解情况，过于主观，还在贺老总面前发表了很不成熟的意见，对国家推行"厂所结合"起了误导作用。

1972 年 12 月 28 日，经周总理批准，中央军委副主席叶剑英在北京主持召开航空汇报会，吴大观作为会议代表参加会议。这次会议前后开了 70 多天，着重研究航空科研体制问题。

会议期间，叶剑英副主席专门听了吴大观两次汇报。一次是上午 9 点钟去，汇报了两个小时。吴大观借此机会，非常坦诚地对叶剑英副主席谈了自己对"厂所结合"的认识过程，详细阐述了不能搞"厂所结合"的原因。

叶剑英副主席边听边点头。

会议最后作了决定，还是要搞"厂所结合"。会议结束前，吴大观表态发言说："既然决定了，我服从组织决定；但我的思想没有通，我的意见要求保留。"

吴大观觉得，不管怎么说，自己都必须对党负责，如实汇报想法，实事求是地对党讲真话。

按照"厂所结合"的指导思想，组织上安排

吴大观既担任606所副所长，又担任沈阳410厂革委会的副主任、党委常委。

后来的事实说明，从文化大革命前到文化大革命后，航空工业搞"厂所结合"搞了十几年，由于对计划经济体制下的工厂的任务、性质、特点认识不足，违反规律，做起来也很难达到目的。

牛棚岁月

→ 突遭批斗

★★★★★

1966 年 5 月份，组织上安排吴大观到济南，在一名叫陈智慧的大夫那里治疗眼疾。这位陈大夫是全国有名的眼科大夫，还是学习毛主席著作积极分子。她看了吴大观的眼睛后，说吴大观的眼睛有三个问题：白内障、玻璃体浑浊、视网膜剥落。陈大夫先为吴大观做了白内障手术，但其他问题还需要继续手术。做完白内障手术以后，吴大观要休养一段时间，然后才可以接受下一个手术。这样吴大观就在济南住了下来。

到 6 月份，文化大革命轰轰烈烈地开始了。吴大观在济南也看到了很多不正常的现象。很多人拿着红宝书，高喊着"革命无罪，造反有理"。后来就给当权派写大字报。继而又什么串联呀，成立造反派组织。你说你是革命的，我说我是革命的。一个单位门口就挂有三十多个革命组织牌子。就因为派别不同就搞起武斗来了。到了后来，活学活用"毛著"高潮迭起，到处是红海洋，语录不离手，万岁不离口。每天早中晚饭前，一个楼门的人到楼门前集合，在毛主席像前手持毛主席语录，跳"忠"字舞唱红歌后，才能回去吃饭。各种形式主义的崇拜五花八门。

但当时吴大观并没有太在意，只是觉得自己是一个技术干部，不会对自己有太大的冲击。

9月份，所里来了一个副政委，带着一个警卫员。他对吴大观讲，所里要搞教育活动、组织学习，需要吴大观回去一段时间。他们对医院讲，吴大观是重要的专家，需要回去一下，医院就同意了。吴大观当时并没有怀疑什么，就随他们回沈阳。在走到天津转车的时候，吴大观感到了问题的严重。在车站转车的那个晚上，吴大观提出要去理发，政委同意，安排警卫员和吴大观一起去。到了理发馆以后，吴大观对警卫员说，你有事可以走了，但他不走，就坐在旁边。吴大观看出来了，他是在监视他，怕他跑了。

早上到达沈阳，与过去不同，没有车来接，而是来了两位造反派，戴着红箍。吴大观和他们一起坐公共汽车回到所里。没想到吴大观被直接送到了批斗会场，押到了台子上面，旁边是两个陪斗的，都是副总设计师，一位是陈及恒，一位是袁美芳，他们是夫妻，都是吴大观的得力助手。

台下已经安排好了群众，喊着口号："打倒刘（苏）、张（显）、吴（大观）。"此时，吴大观才明白，自己虽然只是一个技术干部，也难逃厄运。

→ 被关牛棚

★★★★★

中间有一段时间，造反派搞武斗。1967年8月14日，沈阳410厂"棒子队"冲击606所，打死了人。到1968年，武斗已经结束了，一派胜了，一派败了。

一天晚上，突然来了几个红卫兵，把吴大观抓了起来，用鞭子打，要吴大观交代怎么从美国回来的、怎么治眼睛的。开始，是几个人住一个大房间，晚上开着灯，吴大观说："开着灯，我睡不着觉。"他们呵斥说："什么睡不着，睡！"于是就这样睡了一夜。第二天，吴大观听说同住一起的一个人身上发现了一颗大钉子，说是要用来自杀的。

吴大观的"罪名"是两方面，白天"搞"吴大观，说吴大观是"走资派"、"三反分子"；晚上"搞"吴大观，说吴大观是"特务"。开始的重点是"走资派"的问题，后来就把"特务"问题当成重点了。他们这个组是分班的，"搞"吴大观"特务"问题时一连整了三天三夜，他们一班人"搞"六个小时，接着是下一班人，吴大观却是连轴转，这个做法号称"车轮战术"。他们这些人有分工，谁"搞"什么问题，分得很清楚。就那么三天三夜没有让吴大观睡觉，一会儿要吴大观跪下，一会儿要吴大观低头。到后来，吴大观一低头，看地板就是旋转的。最后，吴大观说："我要睡觉！"他们说，要交代了问题才能睡觉。吴大观抗议道："我的问题，该交代的都交代了。现在我就是要睡觉，否则我什么问题也无法交代。"这样他们才放过吴大观。但从那以后他的胃病就犯了，后来得了胃出血。

吴大观的胃病是在昆明的时候落下的。那时是抗战时期，吴大观和同学们吃的米都是从越南运过来的，都是发霉的糙米，加上学习紧张，得了胃溃疡。后来在美国学习的时候，每天两磅牛奶，喝好了。但在文化大革命期间被关进"牛棚"，胃又出血了。

好人总是有的。在被关"牛棚"的时候，有一位看"牛棚"的工人，偷偷地关照吴大观。吴大观的胃不好，他私下给吴大观买蛋糕，悄悄地送给吴大观。每个星期买一斤，这样一两个月后，吴大观的胃好了一些，慢慢地不出血了。

在"牛棚"里关了九个月，主要"搞"的问题有两个：一是要吴大观交代，他的眼睛里有照相机，是搞特务活动的。这当然是无稽之谈。吴大观就给他们讲，眼睛的病是怎么回事，吴大观一遍遍地对他们讲："如果就用照相机来打个比方，那么我的眼睛视网膜剥落就像是相机里胶片掉下来了，白内障就是镜头前面不干净，玻璃体浑浊是相机里有烟雾、杂质，这就没有办法拍照，也就是眼睛无法看清楚东西了。"

还有就是吴大观的收音机的问题。为了这个收音机，搞得很紧张，重新抄了吴大观的家，还在吴大观家里搞了什么测试，弄得邻居都很紧张。

从美国回来的时候，吴大观带了一台收音机，是真空管的，中、短波的效果都很好。后来组织安排吴大观到解放区，吴大观把这台收音机留给地下党组织的同志。解放后进了北京，组织上给吴大观一个写着地址的条子，通知吴大观让他按照纸条上写的，到一个地方把这个收音机取回来。吴大观和进行接管的另一位同志一起取的。吴大观按地址找到地方，敲了敲门，有人出来，吴大观把条子递上去，他说："知道的。"然后把收音机拿了出来，交还给吴大观，还说了"谢谢"。当时吴大观并不知道那是什么地方，后来造反派批斗时，吴大观才知道他们去调查了，收音机是放在王光美同志那里使用的。在当时，与王光美有关系的事自然都成为了重大问题。

吴大观到沈阳 410 厂的时候，为了让技术人员学习电子技术，他把这个收音机交给大家，分解了研究。没有想到造反派会把这个收音机扯出来，作为吴大观在文化大革命中的一个"罪状"。

欲加之罪，何患无辞。甚至后来连吴大观每月多交党费都成了"罪状"，说是吴大观搞特务活动的经费。

劳动改造

★★★★★

后来，造反派"搞"得没有兴趣了，就派吴大观去劳动，说什么"汗水洗私心，劳动挖修根"。

开始，干的活比较简单，就是扫扫马路、操场，后来什么活都干。但干得最多的是和大家一起筑土墙，帮助附近生产队收割庄稼。尽管吴大观过去没有干过这样长时间、较全面、劳动强度大的体力活儿，非常累，但因为在室外作业，和大自然打交道多，人们相互间还能说说笑笑，受到的训斥也少些，所以虽然是接受改造，但心情要好些。

后来，造反派为了羞辱他，让他负责打扫厕所。冬天，吴大观身穿黄棉大衣和一双军用胶鞋，每天要打扫好几遍厕所，厕所里到处结冰，用镐刨的时候，粪便结成的冰碴经常溅到脸上，但吴大观还是认真地打扫，把厕所打扫得干干净净。

再往后情况越来越好，吴大观就可以和技术人员一起做一些技术工作了。

他被安排去0307基地做压气机试验。由于做试验用电量很大，所以只能在夜间用电高峰过去以后，大约在十一点以后进行。在需要做试验的时候，晚上把试验件装在一辆卡车上，人员乘另一辆卡车，跑二十公里到基地，做好准备，等到十一点钟以后才开始做试验。做完了，大概就到夜里两三点钟了，然后再乘卡车回所里。

东北的冬天，夜里是很冷的，坐在敞篷卡车上，寒风刺骨，但吴大观没叫一声苦。

→ 痴心不改

★★★★★

1972 年，北京召开航空汇报会，所里安排吴大观参加。从此，吴大观逐步恢复了工作。

1972 年，组织上恢复吴大观 606 所技术副所长的职务，同时任命吴大观担任沈阳 410 厂革委会副主任、党委常委、总工程师。

有人问吴大观：对文化大革命，有没有抱怨? 吴大观说：有什么好抱怨的呢? 我相信毛主席。他说："这是少数人犯的错误，不是我们党的错。"

在文化大革命中，造反派把吴大观关进"牛棚"，他是带着毛主席像和毛主席著作进去的，造反派把毛主席像没收了，说毛主席著作可以学，毛主席像不能留。

吴大观就把《毛泽东选集》扉页的毛主

席像放在床头，每天睡觉前，他就看着毛主席的像，他想，毛主席一定能够把这些事情搞清楚的，他相信毛主席。后来中央有了关于文化大革命的决议，吴大观才知道这其中的原因。

吴大观恢复自由以后，翻阅一些杂志看到，国外在我国搞文化大革命的十年，电子技术、工业化发展非常快。就是在这十年中，我国与国外先进的科学技术拉开了更大的距离。吴大观一想起来就非常痛心！

吴大观想：我们有这场浩劫，中国能够出现这样的现象，也是带有规律性的。因为我们太无知、太没有经验了！我们要走的是一条前无古人、后无来者的道路，是前人没有走过的一条路。

◁ 在生产现场处理问题

他说："作为一个共产党员、革命干部，无论何时何地都要经得起考验，要相信党、相信人民，对共产主义事业充满必胜的信心。要站在党和人民的立场上关心党、爱护党，而决不能以旁观的态度，当评论家，对党评头论足，更不能在党有困难的时候看笑话，当逃兵，甚至走向反面，同党不一条心。"

1976年，吴大观任沈阳410厂革委会副主任兼总工程师，主抓厂、所协调和新机研制，特别是我国涡扇6发动机的自行研制工作。当时，研制正处于低潮时期，虽然已经研制出了一台整机和一台份的零部件，但是大量的技术问题仍没有从根本上解决。为此，他在全厂组成了上百人的新机研制队伍，在各个分厂成立"一分一角"（即在每一个分厂都划出一块专门搞新机研制的地方），配备专业干部和技术人员专门负责新机研制工作。为了解决我国自行研制发动机的技术问题，他经常与工程技术人员吃住在一起，有时为了某项技术攻关或解决一些技术难题经常工作到深夜。他在日记中写道："看不到我国自行研制的发动机，我死不瞑目……"

在他的积极推动和支持下，沈阳410厂和606所广大科技人员艰苦奋斗，解决了涡扇6发动机试制加工中的许多难题，包括喘振、过热、振动三大设计技术关键，实现了发动机在高转速下长时间稳定运转。涡扇6发动机按照英国规范连续三次成功地通过了24小时地面持久试车（即飞行前合格试车），这是我国航空发动机由仿制到自行设计的一次大胆尝试和重要实践。

虽然涡扇 6 发动机没能定型投产，但通过涡扇 6 发动机的研制，积累了经验，培养了队伍，为以后新发动机的研制奠定了基础。

由于健康的原因，1976 年 9 月底，航空航天部专门安排吴大观去青岛疗养院疗养。

在青岛，他虽然每天打针，但心里始终放不下工作。9 个月后，吴大观感觉自己身体恢复得差不多了，一次次向组织提出工作要求。

正好，王震副总理抓斯贝发动机试制，西安 430 厂缺人，外文资料需要人整理，技术上也需要人。于是，吴大观 1977 年 9 月离开青岛，1977 年底到了西安 430 厂，出任技术副厂长。

虽然，文化大革命让吴大观的身心都留下了不少创伤，但他觉得，这一切算不了什么，反而磨炼了自己的意志，更加坚定了自己的理想和信念。

托起战鹰

→ 紧急领命

★★★★★

　　中国的航空发动机一直是中国航空工业的软肋，当我国还在努力地吃透涡喷发动机技术的时候，世界航空发动机已经进入了涡扇时代。

　　国家经过反复权衡，决定上马涡扇发动机。但涡扇发动机的难度、复杂性远远超过涡喷发动机，研制工程费时费力，进展缓慢，从20世纪60年代开始，虽然也研制成功了涡扇5、涡扇6等型号发动机，但因种种原因，始终未投入批量生产。

　　20世纪60年代初，我国航空发动机对外引进中断，自行研制接续不上，造成现役的发动机性能日益落后。更由于文化大革命的破坏，不断发生等级事故，大量发动机返厂排故，空、海军和援外飞机频频告急。
1971年12月，周恩来总理彻夜召开航空产品
质量座谈会，一语破的。他指出：空军的关键
在飞机，飞机的关键在发动机，"心脏不好"，
问题不解决，何以打仗，何以援外！并当场同
意从英国罗罗公司进口一批民用斯贝发动机。

　　自中国航空工业创建以来，西方先进的军用
航空技术一直对我国严密封锁。1972年，英国
同意向我国单独出售民用斯贝发动机。1973年7
月17日，英方又约见我驻英大使，表示授权罗罗

◁ 1973年12月在英国罗罗公司考察斯贝发动机（右三为吴大观）

公司向我出售军用斯贝发动机。8月2日，叶剑英副主席在听取有关汇报时明确指出，英国同意向我卖军用斯贝技术，是好事情。我们主要是把技术买到手，同时要利用斯贝，突破英、美在军用技术方面对我们的封锁。在此前后，周总理、叶剑英副主席、李先念副总理等多次听取汇报，多次做出批示，决定引进斯贝发动机。

1975年8月，中英双方进行实质性谈判，1975年12月13日，签订了中国引进英国斯贝发动机专利合同，合同金额5亿英镑，定点西安430厂试制生产。

在试制生产中，国家高度重视，王震副总理三次到西安430厂检查督促，第三机械工业部副部长莫文祥带队蹲点，陕西许多厂、所、大专院校全力支援，要物给物，要人给人。

虽然斯贝发动机是英国罗罗公司20世纪60年代初设计的一种双轴涡轮风扇发动机，在当时世界各种同类型发动机研制中处于领先地位，但对于斯贝发动机，吴大观并不陌生，他曾对斯贝发动机进行过学习和摸底，吸收和借鉴其技术30多项。鉴于此，1977年年底，王震副总理亲自过问，组织上调吴大观到西安430厂负责英国斯贝发动机专利引进试制工作。

→ 斯贝会战

★★★★★

作为斯贝发动机总装、持久试车、部件强度考核和整机高空模拟试车台考核试验的中方技术负责人，吴大观带领广大技术人员日夜奋战，积极消化图纸，做好技术准备工作，为日后斯贝发动机的研制工作提供了有力保证。

上任之初，吴大观组织领导538名技术人员，西安430厂185人参与了对斯贝发动机引进"软件"资料的翻译和整理工作。他对大家说："用人民的钱买来的资料，每个技术人员都有责任钻研学习，整理好留给后人阅读。任何丢失资料、不认真学习的行为，都是对人民的犯罪。"

通过对英国交来的斯贝技术资料进行整理、清账，把原来无人管理散失在外的英国培训技术资料进行了系统整理归纳，并成套地印刷出版，对全行业以至全国消化吸收先进技术起到推动作用，缩短了我国航空发动机制造技术与世界水平的差距。

在斯贝发动机工装会战中，由于斯贝发动机工装资料和以往生产的机种工装在投料方法、尺寸标准、技术标准、公差取法和结构上都有较大差别，吴大观要求大家认真消化资料，进行工艺分析研究，确定关键项目，组织技术人员、工人、干部三结合小组制订措施进行攻关。他充分发挥出国实习人员和英方来厂技术服务人员的作用，带领技术人员一起认真学习消化技术资料，全面掌握斯贝发动机技术。经过近两年的奋战，最终攻克了试制的 76 项技术关键，提高了工厂工艺技术水平，保证了试制成功。

吴大观以身作则，带领大家自制工装 21893 项，其中工具车间制造 15540 项，零件车间制造 3828 项，选用组合夹具 2525 项。从 1977 年 10 月开始至 1979 年 4 月底，经过 19 个月的艰苦奋战，胜利地完成了任务。

工装制造会战是斯贝发动机试制中非常关键的一个战役，这一任务的完成，为加快零组件试制创造了条件。

斯贝发动机结构复杂，叶片多，复杂精密零件多，薄壁焊接零件多，复杂形状管子多。吴大观提出在制造中采取精铸、精锻、数控加工、电子束焊等许多先进工艺，这些都是零组件

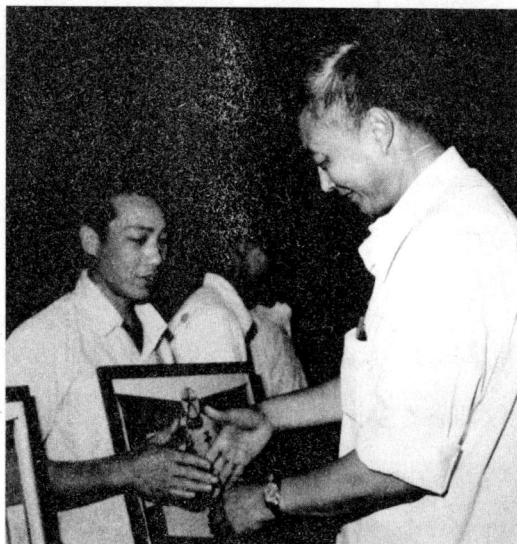

◁ 1977年7月1日在西安430厂庆"七一"大会上向优秀党员颁奖

　　试制中的关键技术。为了保证试制进度，他经常深入生产第一线，到试制的关键车间解决技术、零组件试制问题。他忙起来经常白天黑夜连轴转，24小时泡在试制现场，有时干脆睡在办公室，争分夺秒抢时间。在他的带动下，广大干部、技术人员和工人以"背水一战"的决心抢赶斯贝发动机，确保了前两台斯贝发动机的零组件试制。

　　据不完全统计，吴大观带领全体参战人员在大会战期间加班加点24906人次，假日加班3834人次，共折合626人/月，平均每人加班一个多月，在较短的时间完成了比以往生产发动机工装多一倍多的任务。

　　在斯贝发动机试制总装试验阶段，吴大观任

现场总指挥，对加工质量亲自检查，严格把关。在与英国专家组织进行150小时定型持久试车时，英方专家组织两班倒，而吴大观代表工厂仅一人，一个人顶两班，甚至发烧39℃仍坚持工作，以致晕倒在试车台上，被领导命令送回家休息。回家后，他感到与英方一起定型试车责任重大，两小时后又出现在试车台上。

第一台斯贝发动机实现了一次装配试车成功。430厂举行斯贝发动机试车典礼，陕西省省委书记马文瑞和三机部副部长莫文祥等参加了典礼，马文瑞为试车剪彩，开始150小时持久试车。国务院国防工办、三机部、中技公司、驻厂军代表及罗罗公司来电祝贺。试车后验证斯贝发动机性能全部合格，经分解检查，发动机零组件未出现异常故障，质量很好。

根据合同规定，需将试制成功的两台发动机和两台份五大部件送英国进行模拟性能试车、零下40摄氏度起动试车和部件强度考核试验。吴大观率领由七个单位30人组成的考核试验小组赴英国参加考核试验工作。

斯贝发动机高空模拟试车经历42天，通过了16个运转阶段，经过冷起动试车10次运转，五大部件经过6000次循环疲劳强度试验，均达到了技术要求，成功地通过了考核试验。1980年5月30日，中英双方代表在英国签署我国制造的斯贝发动机考核成功文件。至此，我国成功地试制出了第一台斯贝发动机。

为试制斯贝发动机，在吴大观的主持下，工厂组建了斯贝试制生产线，论证补充增加了斯贝机试车台、数控厂房、金属喷涂厂等 19 项建设项目；引进了 116 台（套）国外先进设备；增加了 118 台国内设备，设计制造了 247 台非标准设备，自行设计和改造了 81 台设备、仪器，并建成了斯贝发动机试车台。斯贝机试车台的建造成功，为国家节省了投资和外汇，争取了时间，满足了试车进度要求，同时，锻炼了队伍，提高了设计水平，为走我国自己发展航空工业道路，做出了积极贡献。三机部为了表彰先进科技成果，把第四设计院和 430 厂设计制造的斯贝发动机试车台评为 1979 年科技成果一等奖。国务院国防工办在西安专门召开现场座谈会，推广经验。

▽ 向时任空军司令员张廷发介绍斯贝发动机试制情况（前排左二为吴大观）

通过引进斯贝发动机制造专利和试制成功斯贝发动机，使我国航空发动机研制工作取得了丰硕的成果：第一，新中国有了自己制造的涡轮风扇发动机，填补了我国在涡轮风扇发动机研制方面的空白。第二，提高了航空发动机自行设计的水平，使我们摸到了英美体系发动机的设计思想和方法，基本达到知其然又知其所以然的目的。第三，提高了我国航空发动机制造工艺技术水平。西安430厂共引进先进技术83项，经过试制，基本掌握了电解加工、化学铣削及电化学加工、电子束焊、监测与测量、数控加工、实验室控制、试车台仪表、精铸、精锻十项技术。这些先进

▽ 1978年4月10日陪王震副总理接见英国罗罗公司代表团（前排右一为吴大观）

工艺技术的掌握，极大地缩短了我国航空发动机制造技术与世界先进水平的差距。第四，促进了其他军民工业的发展。斯贝发动机所选用的材料及其冶炼方法、检验手段和加工设备代表了现代先进技术水平，冶金材料部门承担这些材料的研制，促进了先进技术的掌握。第五，培养了我国航空发动机研制人才队伍。仅仅西安430厂参加斯贝发动机试制的人员约3200人，其中技术人员约800人，工人2400人。通过出国考察、实习、英方技术专家来华指导以及试制锻炼，大批技术干部、工人的技术水平明显提高。

尊重科学

★★★★★

吴大观在技术上尊重科学、精益求精，这种精神在工作中表现得尤为突出。

在引进斯贝制造专利时，中国从英国买了50台飞机发动机，罗罗公司在生产的过程中由于漏了一道打磨工序，导致其中一台发动机出现问题。为了弄清事实真相，吴大观带领设计人员赶赴英国，认真查找事故原因，最终发现是加工过程出了问题，属于过程控制不严而出现的偶然问题，从而导致质量事故的发生。问题查清后，中国才引进了发动机。吴大观当时的主导思想是：我们必须对国家负责，没有查清真相之前，我们坚决不能盲目引进。

吴大观对待工作无论多难都一丝不苟，一抓到底。斯贝的高压扩散机匣是一个重要部件，如果出现问题，就会前功尽弃。吴大观仔细琢磨加工工序，每天比设计人员跑得还要勤，就连现场该怎样安排、由谁来加工某道工序等问题，他都考虑得非常仔细。

吴大观对待工作几乎到了忘我的地步。斯贝发动机在英国进行高空试验的时候，所有工作人员全部是两班倒，唯独吴大观常常跟了这个班又跟下一个班，忘记了自己的作息时间。时间一长，就连现场的英国工作人员也奇怪地问："这位老先生是你们什么人？"大家说："这是我们的技术副厂长，相当于你们的总工程师。"英方的工作人员感叹道："你们这么大的官每天还到现场来，真是不简单！"

作为一名技术专家和企业领导，吴大观考虑问题非常全面，他总是站在促进祖国航空事业发展的高度考虑问题。1980年，

我国按引进专利生产的斯贝发动机，需要送到
英国去进行高空模拟试验，国家派吴大观带队。
他喜出望外，终于有机会学习外国高空台建设的
经验了！在确定出国人员名单时，他认为，高空
台对于我国航空发动机的自主研制有着重大的
意义，就主动提出从 430 厂拿出 5 个出国名额给
624 所，由 624 所选调 5 名同志随同他一起到英
国参加高空台考核试验。把自己厂里的出国指标
分给别的单位，这个消息传出之后，在工厂内外
引起了轩然大波。大家认为吴大观的做法是典

型的"胳膊肘向外拐"、"肥水只流外人田"。然而，吴大观却为了我国高空台技术的突破和发展，力排众议，顶住了巨大压力，并说服大家以大局为重。

吴大观在四年多的时间里，与罗罗公司的发动机专家进行了广泛的技术交流，系统研究了大批技术资料，使他掌握了世界先进的发动机研制技术，同时也使自己在发动机的部件试验、150小时持久试车、高空模拟试验、低循环试验等试验技术方面深化了理性认识。

1981年，国家批准以斯贝发动机为燃气发生器改装成舰用动力装置。吴大观根据自己大量的实际经验分析后认为，在没有吃透人家的技术前，这样做是存在问题的。

◁ 吴大观主持编写的部分技术书籍、资料

他明知道自己的观点和另一位航空发动机著名专家吴仲华的不一致，他也知道吴仲华因为20世纪50年代初发表的论文《轴流、径流和混流式亚声速与超声速叶轮机械中三元流动的普遍理论》，在国际上被称为吴氏通用理论，影响很大，吴仲华还是中国科学院院士（学部委员），但吴大观认为，在科学研究上，要尊重权威更要尊重科学规律。他直接找到吴仲华提出自己的意见，吴仲华没有接受他的意见，结果后来在调试中发生了涡轮叶片折断事故。

→ 淡泊名利

★★★★★

吴大观一心扑在工作上，只要谁肯钻研业务，他就认为谁是好同志。

有一次，吴大观来到一位技术骨干家里

做客，一进门正好看到他在家里洗衣服，便打趣地说："这种事情应该交给夫人办，你应该去看图纸、查资料、钻研技术。"

在生活方面，他也总是尽力为大家排忧解难。有时，家里买了水果，员工来找他，他就送给员工；每年春节，他总是抽时间偕老伴给下属拜年。在430厂厂办工作的杨子彬住在四楼，老两口就爬到四楼拜年，杨子彬心里很过意不去，特别感动。吴大观带队在英国处理技术问题时，他住的宾馆配备有水果，他总是分给大家。如果有人加班，他还会带来糖果慰劳大家。有一次，正在试车台工作，突然下起了大暴雨。他知道很多职工住在干打垒的平房，非常不安全。他连忙赶去查看，由于眼睛不好，他就在黑灯瞎火中打着手电，深一脚浅一脚地查看。

虽然他主管技术工作，但他发现什么问题，只要他能做到，就尽力想办法，不分分内分外。有一次，他听说一位职工家里住房非常困难，便亲自过问，并在常务会上据理力争，最终帮助这位职工解决了住房问题。他还在厂务会上为厂里设计所的一名老知识分子的子女回城问题大声疾呼，要求尽快解决，当时他都拍了桌子，他的这一举动也让大家非常感动。

只要碰到不合乎规范的事，吴大观都敢说真话，只要是为了工作。同时他时时注意节俭，从来不乱花国家一分钱。去英国参加发动机试车，国内的物资相当缺乏，别人都带一些国内紧缺的物资回来，可吴大观回国时什么东西也不给家里带，只是把各种资料和设备带回国，以便于研究技术。

1978 年，吴大观受厂里委派到英国参加发动机接收工作。一到达驻地，他就找同事讨要针线缝补出国前借来的西装。大家当时很不理解，要知道吴大观每月除按规定缴纳党费外还另交 100 元特殊党费支援国家建设，难道连一套属于自己的西装都没有? 吴大观的解释是：国家还不富裕，百废待兴，自己艰苦一些，为国家多做些事情，也算是尽了一点心意。

　　吴大观对下属，无论是干部还是普通工人，都非常亲和，大家在他面前从不拘束。一次，他到生产现场了解一项实验成果，现场的工人就半

▽ 1979年11月在西安430厂全家合影

真半假开起玩笑："吴厂长，我们干得这么好，你应该犒劳犒劳我们了。"没想到过了几天吴大观来了，手里拎了个袋子，里面是给大家买的香烟和糖果，并笑着说："今天我来犒劳犒劳各位小兄弟。"

→ 尊重知识

★★★★★

吴大观没有别的嗜好，唯一的嗜好就是看书。平时工作忙，他经常利用节假日和星期天休息时间大量查阅国内外最新资料，不断充实自己，时时跟踪世界航空先进技术的发展趋势，敏锐地捕获和发现新技术的发展方向，努力汲取世界先进的航空发动机技术和最新信息。

吴大观还有个特点就是非常重视知识积累。凡是出国或是到外单位参加学习交流培训的同志，吴大观都要求他们写出总结，供大家学习；并要求大家必须将资料交回单位里，作为档案保存下来，以便于其他的员工学习。后来，他又制定了一些硬性规定，凡是出国带回来的资料不允许私自保管，必须交回单位里，同时要求出国人员必须按规定写出书面的学习总结，并将在国外学到的知识通过培训的方式传授给大家，而且每次培训活动他都要到现场去听，和大家共同学习。

在他的主持下，我国发动机设计、试验技术标准和工作制度从无到有，包括《设计员手册》《图样管理制度》《试验程序》等共八册，俗称"八大本"。这些标准和制度对规范发动机设计标准和科研人员的工作行为发挥了很大作用，保证了发动机设计、试验科学有序地顺利进行，维护了科研的正常运转，推进了型号研制，也为后来制度的完善奠定了良好的基础。

中国引进斯贝发动机冲破了重重阻力，吴大观深知这一点。

吴大观刚到西安430厂就对斯贝引进资料中132份有关设计、技术、计算和试验报告件件过目，一字一句中英文对照，一遍又一遍验算公式验证定理。在刚到厂的四个月的时间里他就看了上千份资料，记下了几十万字的笔记资料，吃透了设计原理。

为了早日将斯贝发动机的制造技术推广开来，他翻阅大量的资料，并组织大家把有关资料全部翻译成中文，挑选其中一些有价值的资料，他亲自编辑、校对编印成书，为中国航空发动机的研制工作积累了大量的技术资料。

他不但自己加紧学习这些技术资料，而且还利用这些技术资料培养发动机研制技术队伍。他为年轻人制订了详细的科研工作计划和技术学习计划，工作有布置、有检查，逼着年轻人提高技术水平。

1980年初，作为技术领队，吴大观带领20多人的技术队伍将发动机送到英国进行高空模拟试车和部件考核试验。他严格按照合同规定，逐项进行试验考核，碰到质量问题一追到底，及时解决。回国后，他及时组织考核结果和资料的编写，出版了11册相当有分量的技术资料汇编。这些技术资料他都是一篇篇地审读、核对。吴大观说：既然我是主编，我就要编、就要负责，绝对不能马虎。

吴大观十分重视科技情报和科技档案工作。他说，科技情报是科研人员的耳目，科研人员不了解当代国际科技的最新情报就等于是"瞎子"和"聋子"。他在抓科研工作的同时，坚持把科技情报和科技档案工作列入自己的工作日程。他挑选一些专业技术较好的同志去做科技情报工作；科研经费再少，他也舍得拿出一部分钱让科技图书馆订购有关航空发动机方面的外文原版书刊。他出国时也都想方设法搜集资料，每当看到国外有关航空发动机方面的最新信息，他就会让秘书转给有关单位或同志进行研究。

吴大观认为，科技档案是科研工作的宝贵资源，他要求科技档案管理部门和档案管理人员加强科技档案的搜集、整理、分类和立卷归档，要求科研人员对形成的图样和文件按规定及时归档。而自己首先以身作则，参加会议和出国带回来的以及回来整理的文件、资料都让秘书交给档案室。他提出把科技文件、资料归档纳入科研计划，纳入科研管理制度，纳入科技人员的职责，后来这套做法被总结为"三纳入"、"三同时"（与科研工作同时计划、同时检查、同时总结），作为经验先后在沈阳市、辽宁省和航空部的档案工作会议上作过介绍，并受到全国科技档案工作会议的肯定和推广。

"科技档案、科技信息和科技图书资料是科技人员的粮食。"这是吴大观经常挂在嘴上的一句话。这些正确见解虽然在文化大革命中受到错误批判，但他始终认为，发动机研制难度很大，这三方面是科研工作的基础，也是设计人员掌握技术、发展技术的粮食仓库，也是有系统、有秩序地研制发动机的基础。他说："只有完整准确的科技档案，才有可能研制出高性能的发动机来。"

1982 年，因工作需要吴大观离开了西安 430

厂，到航空工业部科技委担任了科技委常委。到
科技委以后，吴大观依然牵挂着发动机研制工作，
他广泛了解国外发动机的科技信息，冷静地总结
在基层研制发动机过程中的经验教训，仔细分
析研究设计工作的技术关键，提议并组织编写了
《涡喷、涡扇发动机通用规范》及《涡桨、涡轴
发动机通用规范》。这些规范成为中国航空发动
机行业发展的标准。

　　2003年9月，斯贝发动机全面国产化进入

关键时刻，发生了叶片断裂故障，年已 87 岁高龄的吴大观在关键时刻再次赶到西安 430 厂，帮助和指导工厂进行故障调查和实验分析，找到了故障的主要原因。在他的指导和帮助下，第二台发动机顺利通过了验证试车。回到北京后，他又将自己在航空科研中总结出来的关键技术经验和资料无私奉献给了工厂，并对斯贝发动机技术的改进提出了建议。这些经验、资料和建议对斯贝发动机全面国产化研制和批产奠定了坚实的技术基础。

2005 年 5 月，吴大观再次将他多年来在航空科研中总结出来的关键技术和经验无私奉献给西安 430 厂。这些技术和经验对我国"秦岭"发动机生产定型起到了关键作用。

→ 甘为人梯

★★★★★

吴大观深知人才是立业之本。

他针对当时科技人员英语水平不高的情况，积极倡导大家学习英语。他经常亲自组织培训班，请英语好的同志讲课，对科研人员进行分批轮训，并且号召大家每天提前 10 分钟上班自学英语，晚饭后 1 小时学技术。每天晚上科研大楼灯火辉煌，许多人都是 10 点以后领导催促才回去休息。对关键岗位的技术骨干，吴大观亲自举办英语强化班，把他们集中在一起进行重点培训，亲自授课，使这些同志受益匪浅。

吴大观深知，发展航空发动机事业，攀登航空科技高峰，必须立足当前，放眼长远，加速培养拔尖人才。在他的主持下，抽调一批各专业的中青年技术骨干，成立了发动机远景发展工程师组，跟踪世界航空先进技术，研究发达国家航空发动机的发展动向，结合国情探索我国发展航空发动机的道路，对后来的型号研制发挥了很好的作用。这些同志经过实践锻炼，拓宽了视野，增长了才干，后来都成为了航空发动机科研的领军人物和优秀的专业技术带头人。

他在担任西安430厂技术厂长兼设计所所长期间，对年轻人要求非常严格，目的就是让年轻人尽快成长起来，担负起发展祖国航空事业的重任。斯贝发动机引进专利图纸刚刚拿到手中，一项主要任务就是把英文资料翻译成中文，便于消化吸收。这对刚进厂不久的许多年轻人是一个严峻的挑战。吴大观召集大家开会，主动给年轻人压担子，要求把拿到的图纸一张一张研究、消化，半年之后他还要对每个人进行考核，要求每个人必须了解自己所分管的图纸有哪些特点？原理是什么？还存在哪些方面的问题？大家压力很大，动力更大，技术水平提高很快。

在他的带动下，工厂学习技术的氛围非常浓。吴大观要求晚上设计技术部门必须灯火通明，而他自己也每天坚持到办公室查看技术资料。由于他眼睛不好，每天晚饭后，都由夫人把他送到厂门口，晚上12点再由秘书送回家里，几乎天天如此。

20世纪70年代末，随着斯贝发动机试制工作的开展，西安430厂一批批工程技术人员开始分批到英国罗罗公司接受培训，此时，中国刚刚从"十年动乱"的阴霾中走出，选派出国人员必须要求"根红苗正"。一位技术人员由于岳父是"走资派"外调不合格，就被排除在外。没想到的是，1979年12月，他居然搭上了到英国罗罗公司接受培训的末班车。直到十几年后的一天，他与一位已退休的原工厂领导闲聊时才知道，是吴大观在会上力举他出国接受技术培训，给他争取了难得的学习机会。

吴大观十分注重全面提高设计人员的技术水平，要求设计人员在掌握本专业技术知识的同时，还要了解国外的发展情况；他规定，设计人员每年要写出一份国外发展动态的报告和绘制出发动

▽ 抓住出国学习机会给大家讲解发动机技术（中间戴眼镜者为吴大观）

△ 2002年6月28日在北京为中航工业机关干部讲党课

机部件发展情况的图册。这些措施激发了设计人员学习业务的积极性。

他到了航空工业部科技委以后，经常到北航讲课，他对大家讲："科技干部，特别是年轻的科技干部，必须勤奋学习，向实践学习，向群众学习，这样才能不断地增长自己的才干。虽然在前进的道路上困难很多，但只要锲而不舍，前程是光明的，让我们一起为航空工业的发展，共同努力，共创辉煌。"

→ 老骥伏枥

★★★★★

1982 年，因工作需要吴大观离开了西安430 厂，到当时的航空工业部科技委担任科技委常委后，虽然离开了航空发动机研制一线，但他一直在为中国航空发动机事业振兴奔走呼吁。

1998 年，他在北航继续教育学院高研班讲课的时候直言不讳："在发动机行业 40多年的研制工作中，已有一定的收获和成绩，但是，这种多年的落后局面不但未见扭转，而差距却越拉越大。人们都在探究其原因，初步认为，除了客观上，根据国家需要，中央方针政策中把国防重点从 20 世纪 50 年代中期就向'两弹'转移外，我们主观上决策的失误，更不容忽视。"

他在 2001 年发表的《对航空工业两个重大历史问题的思考》一文，更是突出地体现出忧国忧民、以振兴航空发动机事业为己任的博大胸怀。摘录如下：

　　作为一名航空工业战线的老兵，我回忆航空工业建设 50 年的历程，发现两个有关航空工业发展决策的问题严重影响航空工业建设的进程和振兴：一是我国曾经未把航空工业技术列入国家高科技领域；二是航空工业要不要有强大的科研工作体系，预先研究在航空工业发展中占有什么样的位置。多

△ 不顾88岁高龄在中航工业科技委上网查找技术资料

年来，我对这两个问题感到困惑而不得其解。

笔者阅读了2月16日《科技日报》刊载的记者郑千里题为《王大珩：让"863计划"光耀中华》的报道，笔者提出的两个有关航空工业发展决策的问题，王大珩院士在接受记者采访时都有阐述。受其启发，笔者现就这两个问题探讨如下。

一、航空工业技术是否属于高科技领域。王大珩院士向记者介绍说："'863计划'，作为一个计划，它是在不断探索中不断加以完善的，是在滚动中得到发展的……航空过去一直游离于高技术研究与发展领域，现在大家达成了共识，航空在我国应有的高技术地位也得到了确立。"建国初期，1956年，国家制定了"12年科学技术发展远景计划"，对航空科研起了一定的推动作用。但是，据了解，实际上这个规划的重点是以"两弹"为主，对于航空科研并无实质内容。从那年以后，正像王大珩院士所描述的那样，航空过去一直游离于高技术研究与发展领域。王大珩院士用"游离"二字来形容航空多年的艰辛处境，寓意非常深刻。因为"游离"不与"排除"等同，是时有时无、若隐若现的状态。航空工业技术从它一百多年的发展历史来看，涉及了广泛的科学技术领域，耗费了巨额资金，创业艰难困苦，无数科技先驱为人类征服太空耗尽毕生的精力，甚至为求索真理，在求实创新中流血牺牲，这些是有目共睹的历史事实。航空工业技术属于高科技范畴，本来就是无可争议的。

事实证明，我国的航空工业确实是游离于高技术研究与发展领域近50年。正是由于这样的"游离"，50年来，尚未见到国家长期稳定的航空工业发展规划，就是航空工业多次的科研发展五年计划，国家的肯定和支持也是缺乏力度的，从而使航空科研计划和任务不能如期实现，而1961年成立的航空研究院（六院）到1982年已名存实亡；正是由于这样的"游离"，型号研制计划得不到落实，经费投资力度得不到保证；正是由于这样的"游离"，航空预研计划、项目和经费被砍了又砍，有些重点预研项目时上时下，使得计划无法按期有步骤地完成；正是由于这样的"游离"，航空工业制定的"科研先行"、"动力先行"的方针，实际上沦为一句口号；正是由于这样的"游离"，航空发动机研制多年缺少技术储备和预先研究，自行研制的发动机迄今还没有一型能走完研制全过程，装备部队使用，从而长期拖了军、民用飞机发展的后腿；尤为严重的是，正是由于这样的"游离"，航空工业的一些干部产生了错觉，误认为航空工业天生并不需要什么科学技术预先研究和技术储备等。现在看来，航空工业"游离"于高技术研究与发展领域已成为航空工业的历史往事，如今在多位专家、院士们的关心和支持下，航空工业现在我国已得到应有的高技术地位，真是来之不易。我们航空人应当珍惜它，让其为航空工业的发展和创新发挥应有的作用。

二、航空工业既然属于高技术领域，要不要有强大的科研体系呢？王大珩院士在向来访的记者谈到"中长期科研计划"问题时对此有一段精辟的阐述，对航空工业发展很有指导意义。他说："每个国家都需要有自己的中长期科研计划，类似这样的计划，在英语中也就是'Advanced Research Project'。这里的 Advanced 不仅是'高级'的意思，主要是'走在前头'、'前进'的意思，有'前瞻性'的成分在内（笔者认为也就是我们航空工业常谈的预先研究）。"王大珩院士与记者还谈到邓小平同志在"863 计划"中有"发展高科技，实现产业化"的批示。他说："邓小平同志这里说的'高科技'，'高'既指技术，又指科学。我认为对科学而言，是指科学的前沿、科学的源头创新，没有科学的源头创新，'高技术'就会成为无源头之水，而有了科学的源头创新，技术的'高'才能产生出带有革命性的突破和飞跃。"不可回避，航空工业有些同志的观点与王大珩院士所阐述的意见是有所不同的。

建国初期，前苏联的技术援助仅限于帮助我们建成仿制生产工厂，并没有帮助我们建立完善的航空工业，而是把像哑铃型的两个重头，即航空科研和产品研制、售后服务和寿命管理这两个关键方面留在手里。到 20 世纪 60 年代初，我国与前苏联断了关系，我国的航空、航天各自走上自我发展的道路。当时航空工业承担着党中央交给的准备打仗的任务，国防需要大量飞机装备空军，航空工业便走上以仿制生产飞机为主的道路。由于客观条件的限制，从事航空工业的一些同志对航空科研与航空工业生产发展的相互依赖关系认识不足，更不会深入到像王大珩院士阐述的"没有科学的源头创新，高技术就会成为无源之水"的程度，从而航空工业也就没有可能产生带有革命性的突破和飞跃，必然形成落后、被动的局面。

航空工业发展的 50 年，由于错综复杂的主、客观原因，航空工业整体上总是不能满足空军和民航的需要。其中主要原因之一，就是对预先研究与航空工业发展创新的"源"与"水"的关系缺乏深刻的认识。在改革开放以后，曾经提出"预研先行"的方针，由于在执行中出现了技术攻关取代了"预研计划"，结果，促使型号研制形成枯水无源的局面。实践证明，型号研制没有丰富的技术储备和扎实的预先研究项目做后盾，会形成航空科技发展工作中的短期行为，使得航空技术后继资源枯竭，岂能奢望有 21 世纪航空工业的持续发展！

在航空工业中，有些十分关心航空工业发展的好心人想走通过测绘仿制外国老产品，经过改进、改型得到先进航空产品的捷径。引进、仿制、发展是世界各国任何行业通用的方法，但是，这要有个前提，那就是要认清测绘仿制仅是过渡的手段，不能当作目的。唯有通过引进、消化、吸收进行仿制，然后结合自己的预先研究、技术储备基础、积累的研制经验进行改进、改型，才有可能走上开发先进产品的道路。如果没有自己的科研技术研究基础，将会永远跟在人家后面亦步亦趋地爬行，而不是什么捷径。根据王大珩院士对记者阐述的精神和以往的大量事实，不难理解，如果航空工业不首先把"前瞻性"的、"走在前头"的、"前进"的航空科学技术预先研究计划抓紧抓好，打下航空科学技术的基础，把过去50年来欠下的"高科技"的账还清，是难以振兴高科技的航空工业的。

通过研读王大珩院士的论述，进一步认识到加强预先研究、提高技术储备是高科技的航空工业可持续发展的基础。在为我国的航空工业、为国防与国民经济建设和综合国力的增强感到光荣和高兴的同时，中国航空工业集团公司早已感到技术储备缺乏、预研力量不足将形成航空科技发展的危机。因此，希望中国航空工业集团公司在狠抓当前工作、编制好"十五"发展计划的同时，必须贯彻"科研先行"、"动力先行"的方针，加强预先计划工作。希望得到中央军委、国务院领导的支持。

20世纪80年代，国家在论证我国自行研制

△ 1992年3月参加全国政协七届五次会议，在人民大会堂四川厅与代表交流

的第三代作战飞机时，围绕是引进国外发动机，还是自行研制的问题，意见分歧很大，不少人极力主张引进国外成熟的发动机。在这决定"太行"发动机前途命运的关键时刻，年近70岁的吴大观大声疾呼："我们一定要走出一条中国自主研制航空发动机的道路。否则，就会永远受制于人，战机就会永远没有'中国心'！"以他为首的九位专家联名上书邓小平同志，引起了党中央的高度重视，"太行"发动机最终得以立项。1993年，"太行"发动机研制的一项重要试验一次性达标，

吴大观在北京听到消息后，激动地说："这是最好听、最好听的消息呀！我兴奋得一夜都没睡着。这证明我们有这个能力，"太行"发动机大有希望！"

"太行"发动机经过 18 年的磨砺，终成大器。2006 年初，'太行'发动机总设计师张恩和到北京出差看望吴大观，把"太行"发动机研制成功的消息告诉了他。吴大观激动得老泪纵横，他久久地握着张恩和的手说：我们终于有自己的第三代发动机了……

△ 1998年春节与爱人在家里

→ 赤子情怀

★★★★★

　　"人生是施予不是索取。"很多很多年，雨果小说《悲惨世界》中的这句话吴大观总忘不了。

　　93 岁高龄的他在 2009 年 2 月 1 日写给中航工业老干部局的信上说："又是我每年多交党费的时候，我真诚地怀着无比崇敬的心情，交出第 46 年多缴党费 4000 元，这一点绵薄之力，仅能表达我对党忠诚热爱的心意。"而在此之前，吴大观已经从 1963 年开始，除正常交纳党费外，连续 46 年多交党费累计 11 万多元，为"希望工程"、灾区等捐款累计 9 万多元，临终前又立下遗嘱，拿出积蓄 10 万元作为最后一次"大额党费"。

　　1955 年，国家考虑到吴大观的贡献，给他定的工资是 273 元，而当时普通工人的工资也就 20、30 元，车间主任的工资是 60、70 元。吴大观多次请求降薪未允，于是，从 1963 年开始，他每月多交 100 元钱党费，这一下就坚持了 30 年。从 1994 年开始，吴大观每年向中组部继续多交党费 4000 元—5000 元。吴大观说："建国初期国家一穷二白，百废待兴。我的工资那样高，脱离群众，为表心意，多缴党费，20 世纪 50 年代到 70 年代，为了国防急需；改革开放 30 年，我国还有 1400 万贫困人口；进入 21 世纪，与某些国家相比，我国底子薄、科技落后，多交党费，就是想体现我一个党员的党性意识。"

然而，吴大观自己和家人生活却一直很节俭。吴大观的家里仍然是 20 世纪 80 年代的旧家具，吴大观的爱人华国说："从 1982 年搬进这个房间里，家具就没有换过。""我们一辈子过得都很简单，平平淡淡。有一次，吴大观的衣服破了，女儿说要给他买件新的，他连忙说，没关系，没关系，补一补还能穿。"

就是这样两个省吃俭用的老人，几十年如一日缴出巨额党费和巨额捐赠时，一点都没有犹豫。

有人问他："你为什么这样傻，多交 100 元的党费，现在哪有人嫌钱多？"可他回答说："我们国家穷，困难多，我作为一名共产党员多交党费，我心里就踏实些，党给我的太多，我给党的太少，实在惭愧啊！"

吴大观在日记中写道："自己当年放弃国外优越的物质生活

条件回到祖国，投奔共产党，这是我一生最大的光荣与幸福！"

在他去世后，家人把这些心得日记和学习笔记总共 56 本，全部交给了组织。这是他为党和国家所能做的最后的奉献了。

这一切在他的口述自传中有非常清楚的诠释："我有两个想法，一个是我应该感谢党，我应该对党多做一点工作，我享受的待遇已经够高了。我是第三届全国人大代表，第五、六、七届全国政协委员。1990 年享受政府特殊津贴，1991 年被评为航空航天部有突出贡献的老专家，

▽ 2006年11月13日，在吴大观从事航空事业65年座谈会上，学生和晚辈们向他祝贺

那都是很高的荣誉。我凭什么得到那么高的荣誉？我扪心自问：'你做了多少工作？到现在发动机还拖着飞机的后腿！你这一生怎么做的呢？'盛名之下，其实难副，所以我一定要交这个党费。第二个是什么呢？我们国家穷啊！我自己是从旧中国过来的，过惯了穷日子，现在过得清贫一点，但内心挺舒服、挺高兴。我们国家还是一个发展中的国家，最近报纸还有报道，如何解决贫困地区的温饱问题？现在我们还有几千万人口没有

△ 2008年在家里看手稿

△ 2008年在家里查技术资料

脱贫。还有西部的开发建设，所有这些都是需要钱的。我想我是一名共产党员，要响应党的号召，节约、节省，我们国家还不富裕。既然你是名中国人，你就要分担中国社会的责任，我是这个想法。"

他在88岁的高龄学会了使用电脑，天天坐在电脑前，戴着眼镜，再拿着放大镜，搜寻下载着各种有关航空发动机的资料，一摞一摞地装订好，送给工作在一线的晚辈们。

他在90岁高龄写下肺腑感言："在我这个中国老航空人心中，为中国制造的飞机装上中国制

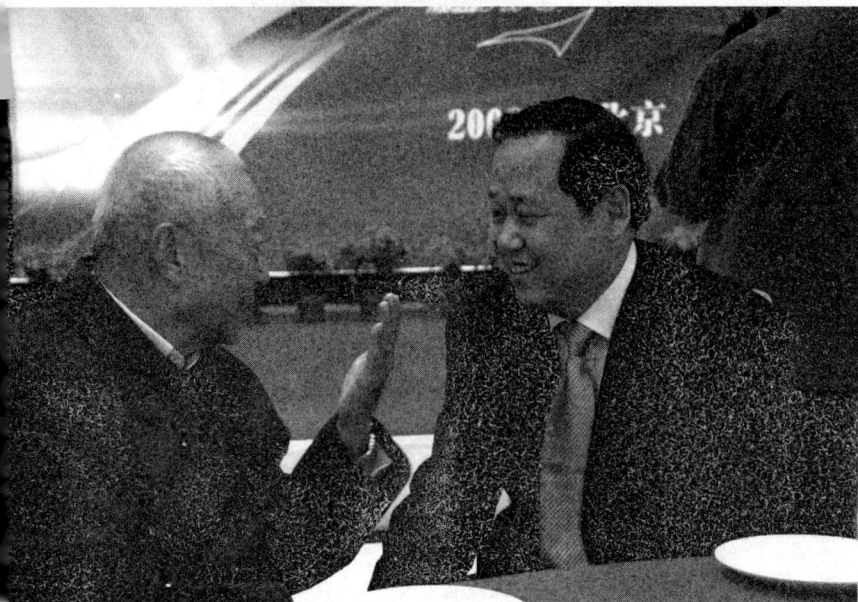

△ 2008年4月27日，在庆祝430厂建厂50周年联谊会上了解新机研制情况

造的、具有先进水平的'心脏'——航空发动机，是我最大的心愿！老骥伏枥，壮心不已。我愿在自己有生之年，继续为我们的航空工业尽心尽力，为实现今生航空报国夙愿，奉献一颗赤诚之心！"

2009年2月18日，93岁的吴大观住进医院。搞了一辈子自然科学的他，清楚地知道自己的日子不多了。

他拒绝一切治疗。"没有用了，不要浪费国家的医药费。把药用到最需要的病人身上吧。"这是他对医护人员说得最多的话。

因肝区严重腹水，饮食难进，医生给他挂吊瓶输营养液，针头扎进去，他坚决地拔出来。护士等他睡着了再扎针，他醒来，又坚决拔掉。医院考虑请外院的专家为他会诊，他同样拒绝。

　　那一天，从事航空发动机的晚辈刘大响等人来到他的病床前，这些当年他手下的小伙子，现在都是领军的人了。他坐起来急切地拉住他们。

　　"吴老，您快躺下。"

　　"不，我没有时间了，让我说。"

　　思维依旧简洁明快，却蕴涵了一生厚重的托

付："第一，对我们国家的航空事业，我做得很不够，我感到深深有愧。第二，航空发动机太难了，一定要吸取历史教训，按科学规律办事。第三，一定要加强预先研究，要把基础工作打牢。第四，一定要讲真话，不要怕，千万不要忽悠！一定要把真实情况告诉领导。第五，一定要落实科学发展观，把我国的航空发动机搞上去！"

"我就要去见马克思了。看着窗外的蓝天白云，多么美，多迷人啊！我是看不到我们自己的大飞机装着我们自己的发动机飞上祖国的蓝天了。但我相信，总有那么一天……"

今天，中国已经跻身于目前世界上仅有的、能够独立自主研制航空发动机的五大常任理事国，后来者们正在向着更高更远的目标奋进。

在学习实践科学发展观活动中，中国航空工业集团公司大力开展了向吴大观同志学习的活动，这一活动引起了党中央的高度重视。2009年6月2日，胡锦涛总书记作出重要批示，高度评价吴大观同志是爱党爱国、无私奉献、报国有成的典范，要求认真总结、宣传他的先进事迹和崇高精神，党和国家其他领导人也对学习宣传吴大观同志的先进事迹做出了重要批示。2009

年 7 月 2 日，中组部决定，追授吴大观同志"全国优秀共产党员"称号。2009 年 7 月 14 日，中组部、中宣部、中央学习实践活动领导小组、国资委党委联合下发通知，要求在广大党员干部中深入开展向吴大观同志学习的活动。2009 年 7 月，在经中央批准，中央宣传部、中央组织部等 11 个部门联合组织开展的评选"100 位为新中国成立作出突出贡献的英雄模范人物和 100 位新中国成立以来感动中国人物"活动中，吴大观被评为 100 位新中国成立以来感动中国人物。

"中国心"感动了中国！

后　记

"中国心"永不停止跳动

夜深人静，一次次反复翻阅有关吴大观的报道、材料、图片，我试图与他走得近些、再近些，在这北方凄冷的星空下，细细感受一个93载火一样燃烧的生命究竟是怎样的温度，用一颗虔诚的心去解读另一颗高洁的心灵到底是怎样的清澈，甚至想看清，一个创造伟大事业的世纪老人的仰望，如何点亮了一方轰鸣万里的长空？！

非常有幸，我工作的地方就是吴大观当年工作过的地方。由于工作关系，我还参与组织了吴大观事迹材料的挖掘、整理与宣传工作。但我一直都不认为，我了解吴大观的全部，甚至认为，我不可能了解吴大观特别是理解吴大观。因为，只有心灵才能通向心灵，灵魂只能被灵魂聆听，而精神的世界更是博大精深。因此，当我接到要在很短时间内为吴大观撰写传记的任务时，非常惶恐：卑微的我怎么可能读懂吴大观伟岸的灵魂和高洁的心灵，走进他的精神世界?

我很庆幸吴大观是我非常敬仰的老前辈,是我引以为荣的老领导,这让我更多了一份勇气和责任,将他一生爱国爱党、无私奉献、报国有成的事迹传播给更多的人,使他的精神进一步发扬光大,让越来越多的后来者走近他,感受他炽热的"中国心",并沿着他仰望的方向实现伟大的强国梦想。

而令我欣喜和鼓舞的是,在我接待中央新闻单位吴大观先进事迹采访团的过程中,很多记者在了解了吴大观的事迹后表现为"大吃一惊",心灵上受到了巨大的震动,并发表了很多感想。谈起对吴大观的感受,记者们激情满怀,感慨万千,泪光闪烁。吴大观的事迹在互联网上发出后,网民的点击量很快达到了5000多万人次,网民留言达到3万多条。大量网民的留言让人热泪盈眶。如"中国的老一辈科技工作者太伟大了!一颗坚定不屈的中国心!""中国航空史短暂,但是辉煌,虽然历经坎坷,但是有一代又一代航空人的不断努力。感谢吴老!""为科学家的强国精神感动!"……学习吴大观事迹的热潮正在工厂、农村、学校、部队,处处涌动。

在媒体刚开始大量报道吴大观事迹的几天,一些网民发帖提出他们的疑问:"做出了如此卓越的贡献,为何连院士都不是?"的确,他不是高官、不是院士,甚至也没有"叫得硬"的奖项,但他是院士的老师!他倾注毕生心血、用一辈子托举起了一代又一代后来者的臂膀。

今天,吴大观创建的我国航空史上第一个发动机试验基地,仍为世界一流、亚洲第一；他创建的我国第一个航空发动机产业基地，用国产发动机把新中国第一架喷气歼击教练机送上了蓝天。他主持完成的改革开放前新中国第一个对外重大技术合作项目，其成果至今为国防建设所倚重；他以73岁的高龄，历时六年，主持完成的我国第一部航空发动机研制国家军用标准的编撰工作，使研制工作从此有章可循。

正是吴大观用一生的坚持和操守去传承，才使我国今天拥有了一支以航空报国为己任的40万产业大军；拥有了从建国之初的一穷二白到现在体系完备的民族航空工业，并跻身于少数几个能自主研发先进航空发动机的大国行列；实现了在赶超世界航空强者的拼搏中，从"望尘莫及"到"望其项背"的跨越。他在为新中国的航空工业奠定坚实基础的同时，更规划了高远的未来，根植了报国的信念，铸就了强国的灵魂。

"中国心"永远，强国梦飞扬。像穿越一个世纪的火焰，吴大观守着为中国战鹰装上一颗"中国心"的梦想，让生命尽情燃烧，绽放异彩，也为后来者照亮了航程。今天，装备了强劲"中国心"的战鹰，正在祖国的蓝天白云之上雄视四方，强大的人民空军，已经为共和国筑就了空中钢铁长城，后来者正踏上富国强军、跨越发展的壮丽征程！

"中国心"永不停止跳动！

/100位

新中国成立以来感动中国人物/

丁晓兵　马万水　马永顺　马恒昌　马海德　中国女排五连冠群体

孔祥瑞　孔繁森　文花枝　方永刚　方红霄　毛岸英

王　杰　王　选　王　瑛　王乐义　王有德　王启民

王进喜　王顺友　邓平寿　邓建军　邓稼先　丛　飞

包起帆　史光柱　史来贺　叶　欣　甘远志　申纪兰

白芳礼　任长霞　刘文学　刘英俊　华罗庚　向秀丽

廷·巴特尔　许振超　达吾提·阿西木　邢燕子　吴大观

吴仁宝　吴天祥　吴金印　吴登云　宋鱼水　张　华

张云泉　张秉贵　张海迪　时传祥　李四光　李春燕

李桂林和陆建芬夫妇　李素芝　李梦桃　李登海　杨利伟

杨怀远　杨根思　苏　宁　谷文昌　邰丽华　邱少云

邱光华　邱娥国　陈景润　麦贤得　孟　泰　孟二冬

林　浩　林巧稚　林秀贞　欧阳海　罗映珍　罗健夫

罗盛教　草原英雄小姐妹　赵梦桃　钟南山　唐山十三农民

容国团　徐　虎　秦文贵　袁隆平　钱学森　常香玉

黄继光　彭加木　焦裕禄　蒋筑英　谢延信　韩素云

窦铁成　赖　宁　雷　锋　谭　彦　谭千秋　谭竹青

樊锦诗

图书在版编目（CIP）数据

吴大观 / 杨可民著. -- 长春：吉林文史出版社，
2012.6（2022.4重印）
（100位新中国成立以来感动中国人物）
ISBN 978-7-5472-1097-0

Ⅰ．①吴… Ⅱ．①杨… Ⅲ．①吴大观（1916～2009）
－生平事迹－青年读物②吴大观（1916～2009）－生平事
迹－少年读物 Ⅳ．①K826.16-49

中国版本图书馆CIP数据核字(2012)第136137号

吴大观

WUDAGUAN

著/ 杨可民

选题策划/ 王尔立　责任编辑/ 王尔立 李洁华 马华 任玉茗
装帧设计/ 韩璘
出版发行/ 吉林文史出版社
地址/ 长春市福祉大路5788号　邮编/ 130118
电话/ 0431-81629363　传真/ 0431-86037589
印刷/ 天津海德伟业印务有限公司
版次/ 2012年8月第1版 2022年4月第4次印刷
开本/ 640mm×920mm　1/16
印张/ 9 字数/ 100千
书号/ ISBN 978-7-5472-1097-0
定价/ 29.80元